JN017218

ユーザーの問題解決と
プロダクトの成功を導く

エンジニアのための
ドキュメント
ライティング

Docs for
Developers

An Engineer's Field Guide
to Technical Writing

ジャレッド・バーティ
ザッカリー・サラ・コーライセン
ジェン・ランボーン
デービッド・ヌーニェス
ハイディ・ウォーターハウス 著

岩瀬義昌 訳

日本能率協会マネジメントセンター

First published in English under the title
Docs for Developers;
An Engineer's Field Guide to Technical Writing

by Jared Bhatti, Zachary Corleissen, Jen Lambourne,
David Nunez and Heidi Waterhouse, edition: 1

良いドキュメントはかけ算になります。すなわち、良いドキュメントの助けによって、開発者はソフトウェアをこれまで以上にすぐに使いこなして、探求できるようになるということです。本書は、開発者とテクニカルライターに、ユーザーが気になることをドキュメント化し、ユーザーに必要なコンテンツを見つけやすく整理し、ユーザーのソフトウェア理解や採用に、ドキュメントがどれだけ貢献したかを測る方法を提供します。

　　──ステファニー・ブロトナー、Uber社のテクニカルライティングマネージャー

　複数業界のリーダーの数年に渡る知見が、簡潔で実行可能なフレームワークにまとまっているのが本書です。簡単には得がたい知見があらゆるページにあり、企画から本番リリースへ至るまで、ガイドしてくれます。早く読みましょう。ユーザーに感謝されますよ。

　　──エリック・ホルシャー、『Write the Docs and Read the Docs』共同創業者

著者について

ジャレッド・バーティ（Jared Bhatti）

　ジャレッドは Alphabet 社のスタッフテクニカルライターです。また、Google Cloud ドキュメントチームの共同創設者でもあります。14年間に渡って Alphabet 社の一連のプロジェクトのドキュメント化に携わってきました。プロジェクトには、Kubernetes、App Engine、アドセンス、Googleのデータセンター、環境のサステナビリティの取り組みがあります。現在は Waymo 社の技術ドキュメントをリードしつつ、業界のジュニアライターのメンタリングもしています。

ザッカリー・サラ・コーライセン（Zachary Sarah Corleissen）

　ザックは Linux Foundation のリードテクニカルライターのときに本書を書き始め、Stripe の最初のスタッフテクニカルライターのときに書き終えました。2017年から2021年までの間、ザックはKubernetesドキュメントの共同議長を務めました。GitHub、Rackspace、その他のいくつかのスタートアップの開発者向けドキュメントに取り組んできました。カンファレンスでの講演やあらゆる能力・バックグラウンドを持った書き手やスピーカーへのメンタリングが大好きです。

ジェン・ランボーン（Jen Lambourne）

　ジェンは、Monzo銀行のテクニカルライティングとナレッジマネジメントの分野を率いています。フィンテックへ進出する前は、英国のGDS（Government Digital Service）のテクニカルライティングの責任者として、英国全体のドキュメンタリアンのコミュニティをリードしてきました。政府から金融業界に転職して、伝統的に堅い業界であっても、インクルーシブでユーザー中心であるコンテンツの作成に惹きつけられていることに気づきました。ジェンは、ドキュメントを管理するための開発者向けツールの活用や、エンジニア向けに執筆プロセスを紐解いて説明することが好きです。また、

カンファレンスでドキュメントにまつわる自身の体験談をプレゼンテーションすることも好きです。

デービッド・ヌーニェス（David Nunez）

　デービッドはStripeのテクニカルライティングの組織を率いています。社内にドキュメントチームを設立し、Incrementという雑誌で執筆しています。Stripeの前は、Uberのテクニカルライティングの組織を設立し、率いていました。また、Salesforceでドキュメントリーダーの役割を担っていました。クラウド・自社開発インフラ・自動運転トラック・経済インフラについて執筆するチームを率いたあと、テクニカルドキュメントによってユーザー体験が形成されるたくさんの方法を研究してきました。デービッドはまた、ナレッジプラットフォーム分野におけるスタートアップ数社のアドバイザーを務めています。

ハイディ・ウォーターハウス（Heidi Waterhouse）

　ハイディはMicrosoft、Dell Software、たくさんのスタートアップで数十年を過ごし、開発者と一緒に、開発者のためのコミュニケーションを学んできました。現在は、LaunchDarklyでプリンシパルデベロッパーアドボケイトとして働いていますが、テクニカルコミュニケーションはすべての職務で通用することを再認識しました。

謝　辞

　筆者らを支えてくれた家族や友人、励ましてくれた同僚、本書を大きく改善してくれたレビュワーや編集者、本書の出版を可能にしてくれた皆さまに特別な感謝を捧げます。特に、リオナ・マクナマラ、ブライアン・マクドナルド、シド・オーランド、ブラッド・トポル、ケルシー・ハイタワー、ラリー・ウルマン、ステファニー・ブロトナー、ジム・エンジェル、ベツィ・ベイヤー、エレニー・フラキーアダキー、リサ・キャリー、エリック・ホールシャー、皆さまからのフィードバック・意見・応援に感謝します。

　以下、筆者ごとに感謝を述べます。

ジャレッド：常に支援してくれたティーガン・ブロデリックに絶大に感謝します。また、本書執筆に向けて時間と場所を提供してくれたメギン・カーニーとライアン・パウエルに非常に感謝します。

ザック：Linux Foundation でオープンソースのドキュメント支援してくれているクリス・アニシュチクに多くの感謝を捧げます。母親のクリスティン・ダーラムに多くの愛を捧げます。母は、私ができるといつも信じてくれていました。

ジェン：「パンデミック中に執筆などしていてもよいのかな？」と質問するたびに、近くにいてくれて、多くの言葉で励ましてくれたルーク・ウィルキンソンに心から感謝します。私は常にあなたの一番の支持者です。「最高の本を書こう」と励ましてくれた、母と父に、弟のクリスに多くの感謝を捧げます。クリス、自分用のボート入手に一歩近づきましたね。毎日新しい学びを教えてくれた、これまでの、そして現在の同僚に感謝します。特に本書のコードや図を提供してくれたエレーニ・フラギアカーディに感謝します。私を信じ続けてくれたヴィンス・デーヴィスに感謝します。最後に、ドキュメントを書き始める理由でもあり、これからもドキュメントを書き続ける理由

となってくれたロザリー・マーシャルに感謝します。

デービッド：常に私を信じてくれたケイティー・ヌーニェスに、執筆に対する情熱が続くようやる気にさせてくれたシャーロットとキャメロンに心から感謝します。図書館が最高にかっこいい場所であることを教えてくれたリディア・ヌーニェスに、いつも新聞を共有してくれたアルフレッド・ヌーニェスに愛と感謝を捧げます。親友でありインスピレーションを与えてくれたジェシカとスティーブンに感謝します。私に多くのことを教えてくれた、現在と以前のテクニカルライティングチームに永遠に感謝します。最後に、チャンスを与えてくれたジョン・ソーチャックに深い恩義を感じています。

ハイディ：パンデミックの間、私が本書についてぶつぶついっているのに耐えてくれた妻のメーガンに、母の変わった趣味に付き合ってくれる子供たちのセバスチャンとキャロリンに多大な感謝を捧げます。いつも最初の読者になってくれたローラにも多大な感謝を捧げます。以前のマネジャーであるアダム・ジマンとジェス、そして今のマネジャーであるドーン・バージッチに、私がこのような大きなプロジェクトに参加できるよう、励ましと場所、時間を与えてくれ、信じてくれたことに感謝します。

　新しいソフトウェアプロジェクトが作られたとして、それを学ぶためのドキュメントが何もなかったとしたら、それって上手くいくと思いますか？

　潜在的なユーザーの多くは「分からない」と答えるでしょう。なぜなら、そのプロジェクトを見つけられないし、仮に見つけられたとしても使い方が分からないからです。これは本当によくある問題です。私自身、1人のソフトウェア開発者として正直なところをいえば、コマンドラインツール・ライブラリ・APIなどのリバースエンジニアリングに長い時間を費やしてきましたが、目の前にあるタスクを完了させるドキュメントは欠けていました。

　開発者をソフトウェア業界のスーパーヒーローとするなら、ドキュメントの欠如はクリプトナイト[1]でしょう。

　「良い開発者は単にコピーする。優れた開発者は考えてペーストする」と、私はジョークをよくいいます。ソフトウェア開発者が問題に直面したときに最もよく使うワークフローを調べてみれば理由が分かります。ワークフローはだいたいこんな感じでしょう。

1　問題の理解を試みる
2　思いつく場所をすべて探して、既存の解決策を探す
3　運良く見つけられたら、その解決策を試す
4　解決策を本番環境にリリースする

　これがいわゆる「開発者ループ」というものです。成功しているプロジェクトには、開発者がこのループの各ステップを進められるようにドキュメントが用意されています。なぜならば、「ドキュメントは機能の1つ」だからです。事実、プロジェクトで最初にユーザーの大多数がはじめに接触する機能がドキュメントです。問題の解決を試みるときには、最初にドキュメントを探すからです。

1　スーパーマンの力を奪い取ってしまう石のこと。

当然、次のような疑問が湧いてくると思います。

　「なぜ、こんなにドキュメントが軽視されたり、そもそもまったくなかったりするんだろう？」

　ドキュメントに投資をしていないから、うまく書ける人がいないから、という理由ではありません。「どうやって書けばいいか分からないから」、これが理由です。開発者である私たちは、開発者のループがあることを知っていますが、同じぐらい重要である「書き手のループ」があることをほとんど理解できていないのです。

　「書き手のループ」は、コードを書くことに似ています。ユーザーの解決したい問題の理解、その解決に向けた計画作り、よくあるデザインパターンの活用、課題を解決するコンテンツの執筆が必要になります。「開発者のループ」と、「書き手のループ」は表裏一体の関係にあります。自分が「書き手のループ」内にいるときは、ユーザーが「開発者のループ」内にいるときに必要となる情報を書き出しています。2つのループの整合を取る方法を知っておくことは、プロジェクトとユーザーの両方の成功に役立ちます。

　開発者にKubernetesを説明するときに気づいたことがあります。開発者は、Kubernetes のピースがどのように組み合わさっているかを知りたがっていました。しかし、そこに役立つコンテンツはありませんでした。こうした場合、5分ぐらいで開発者が必要としている情報が見つかるようにしておかないと、あなたのプロジェクトは見捨てられ、開発者の関心が違うものに移ってしまうのです。

　この経験が、「Kubernetes the Hard Way」を書くきっかけになりました。Kubernetes the Hard Way は、GitHubで27,000以上のスターが付いているハンズオン型のチュートリアルです。同様に、開発者は自身の基盤上でKubernetesをすばやく立ち上げて動かす方法を探していることから、『Kubernetes: Up and Running』という書籍を共著しました。

　こういった経験を通じて、当初の想定以上に、書き手のループについて学び、それがどれほど開発者にとって必要かも理解しました。この本の存在を知って興奮しているのは、それが理由です。

　本書の著者らは、難易度の高いテクニカルプロジェクトのドキュメント制

作に携わり、そのドキュメントによって開発者のニーズを満たしてきました。たとえば、Linux Foundation、Google、Stripe、LaunchDarkly、英国政府といった場所です。本書には、著者らの経験がステップバイステップ形式のプロセスへと凝縮されています。このプロセスはどんなプロジェクトにも活用できます。ケーススタディや、チュートリアル、貴重な経験に基づいたコツも載っています。

　まとめるとこんな感じです。あなたが手にしているのは、現実世界の状況やワークフローにてこ入れすることで、書き手のループの各フェーズを教え導いてくれる書籍です。非常に実用的で効果的であり、わたしが長年に渡って部分的に活用してきていながらも、知らなかったことも含むほどです。

　しかし、おそらくあなたが気にされているのは「この本って使えるのだろうか？」でしょう。もちろん、使えます！

——ケルシー・ハイタワー

イントロダクション

　午前4時にページャー[2]が鳴っている。会社のサービスが落ちていて、顧客がパニックになっている。多少は知っているコードベースを急いで調べて、根本原因を探している。単体テストに書いてあるエラーメッセージはイライラするぐらい不明確だ。内部のREADMEには、見出しと"TODO"って一言だけ書いてある段落しかない。

　「誰が書いたんだよ、これ」
　と考えて気分が沈んでいく中、14か月前に書いた自分のコードだったことに気づく。
　「全然覚えてない」

　どんな手がかりでもいいからと、記憶をたどり始める。何をしていたのか、なぜこの実装にしたのか、同僚にレビューしてもらったか、特定のエッジケースについてもテストをしてもらったのだったか。その一方で、顧客がサポートチケットを次々とオープンして、返事を求めている。

　自分の過去の発言が返ってくる。「コードは自己文書化されているよ」

　あるサービスがうまくいっていて、成長しているとしましょう。顧客の新規登録が増えれば、質問も増えていきます。サービスがスケールするにつれ、メールやサポートチケットの洪水が押し寄せます。やがて、開発にかける時間は徐々に削られ、顧客サポートの時間が増えていくのです。
　あなたは作ったものに一番精通している1人として、1対1のサポート会議で予定が埋まり、しかも別の6人から同じ質問を受ける運命にあります。調査をする機会や、動作の仕組みを書き留めておく機会があれば、問題に対

2　訳注：障害発生時などに担当者が通知を受け取るデバイスのこと。現在ではスマートフォンが多い。

処できたことは分かっているはずです。しかし、ユーザーの質問に答えるので手一杯で、その時間は決してやってきません。

では、もう1つのシナリオを想像してみましょう。

コードにはコメントがあり、READMEは正確で最新化されている。スタートガイドやユーザーの主なユースケースを対象としたチュートリアルもある。ユーザーに困りごとがあっても、真に有益なドキュメントをすぐに紹介できる。午前4時のアラートだって？　検索すれば1回で必要な情報が見つかるから、解決まで5分足らずだ。

効果的な開発者向けドキュメントがあれば、後者のシナリオは現実になります。

誤って引用されることの多い「良いコードは自己文書化されている」というフレーズを聞いたことがあるかもしれません。良い命名・設計・コード・パターンによってコードが理解しやすくなるのは本当です。しかし、それなりに複雑でスケールするプロジェクト（つまり、開発する価値のあるほとんどのプロジェクト）には、他の人が開発内容や使い方をすばやく理解するための、読みやすいドキュメントが必要です。

本書の執筆者たちは、開発者向けとして優れたドキュメントを作っている多くの組織を支援してきました。組織には、大きなテックカンパニー、急速に変化するスタートアップ、政府機関、オープンソースコンソーシアムが含まれます。執筆者たちはみな、開発者向けドキュメント作成に対する長年の経験があります。開発者の声に耳を傾け、一緒に働き、あらゆる規模の開発者向けドキュメントのあらゆる側面にどっぷり浸かってきたのです。

私たちは、冒頭の悪夢のシナリオから、数え切れない数の開発者を助け出してきました。そして、助け出せば出すほど、開発者向けのドキュメント作成の入門書がないことを痛感していきました。だから、開発者体験に介在する問題を修正するために、本書に取り組み始めたのです。

執筆者たちの専門知識と、多くの開発者からのフィードバックを基に、テクニカルドキュメント作成に向けたフィールドガイドを作りました。本書は

参考図書として手元に置けるようデザインされているので、ソフトウェア開発プロセスの一貫としてドキュメント作成をする際に役立ちます。

　本書では、ドキュメントを作成する方法をゼロから説明します。ユーザーニーズの特定から始まって、ドキュメントの定番パターンを含む計画の作成方法が続きます。それから、コンテンツのドラフトの作成・編集・公開という一連のプロセスを説明します。フィードバックの取り込みと効果の測定、ドキュメントの成長に合わせた保守といった実践的なアドバイスで本書は終わります。それぞれの章は、前の章を前提としているため、少なくとも一回目に読むのであれば順番に読むことをおすすめします。

　本書では、「Corg.ly」という仮想のサービスに取り組む開発チームの物語を紹介しています。Corg.lyとは、犬の鳴き声を人の言語に翻訳するサービスのことです。Corg.lyには翻訳情報を送受信するためのAPIがあり、翻訳を定期的に改善するために機械学習のモデルが使われています。

　Corg.lyのチームにいるメンバーは次のとおりです。

シャーロット

　Corg.lyのリード開発者。1か月後にCorg.lyと開発者向けドキュメントをリリースする役割を担っている

カーティク

　Corg.lyで働くソフトウェアエンジニアで、シャーロットの同僚

メイ

　Corg.ly翻訳サービスの初期顧客の1人

アイン

　コーギー犬。Corg.lyのオフィスのマスコットであり、Corg.lyのベータテスターでもある

　本書はツールやフレームワークに意図的に触れないようにしています。特定のマークアップ言語を利用して書くように伝えていないこと、または継続的インテグレーションのツールによって自動更新を実現する具体的な静的サイトジェネレーターを教えていないことにイライラするかもしれません。こ

れは意図して言及を避けました。最も効果的なツールや言語は、あなたの普段のコードやツールに一番近いものなのです。

　本書を読み終えて、ツールに対するガイダンスがほしい方向けに、付録に参考情報をまとめてあります。付録を見れば、自分のニーズにあった適切なドキュメンテーションツールを見つけられるようにしてあります。

CONTENTS

PART 1 ドキュメント作成の準備

CHAPTER 1
読み手の理解 ……… 26

CHAPTER 4
ドキュメントの編集

サンプルコードの組み込み ··········· 108

CHAPTER 6
ビジュアルコンテンツの追加······125

PART 3 ドキュメントの公開と運用

CHAPTER 7
ドキュメントの公開 ·················· 146

CHAPTER 8
フィードバックの収集と組み込み ···· 157

CHAPTER **11**
ドキュメントの保守と非推奨化 …208

付　録

専門家の採用タイミング

リソース

PART 1

ドキュメント作成の準備

読み手の理解

Understanding your audience

サービス開始まであと1か月

　シャーロットはいら立っていた。Corg.lyのサービス開始まであと数週間しかないのに、最初の1人のユーザーが使えるようにするために、開発者全員、つまり5人の開発者に午後中働いてもらわなければならないからだ。

　シャーロットは、システム図・設計上の意思決定・エンドポイントとのデータ送受信方法を1時間で説明してから、Corg.lyの動きやAPIの使い方をデモした。初期顧客であるメイは、とても辛抱強くいてくれた。会社公式の飼い犬でありプロダクトテスターでもあるアインは、ご褒美の犬用ビスケットいくつかと引き換えに喜んで翻訳デモに協力してくれた。

　シャーロットはこのミーティングで費やした時間をふりかえって、こういったミーティングは時間とコストがかかることに気づいた。プロダクトがこの先成長して、たくさんの顧客に使ってもらうためには、顧客自身がすぐにプロダクトを使えなければいけない。

　シャーロットの心を読んでいるかのように、メイは椅子にもたれかかって言った。「実際に動かせるまでに、まだ問題がたくさん出てきそうですね。動き始めたらきっと、質問がもっとたくさん出てくると思います。ドキュメントの準備ができたら、それを送ってもらってもいいですか？　すぐにもう一度やってみますよ」

　「もちろんです」とシャーロットは答えた。そのとき、これまで6か月間

の場面がフラッシュのように脳裏に浮かんできた。

「どうせまた変わるんだから、ドキュメントは後回しにしよう」

「他にやることがたくさんあるから、ドキュメントの優先度は下げておこう」

「コードを読めば分かるから、ドキュメントは心配しなくていいかな」

　胃に穴があくような気分だ。

　シャーロットの返事に対して、メイは次のように答えた。「ありがとうございます。チームの他のメンバーに共有するのが楽しみだわ。ただ、みなさんはエキスパートだけれど、APIの使い方をチームが習熟するまでには、時間がある程度かかりそうです。でも、今年のクリスマスシーズンに合わせて数百万個の犬用翻訳首輪の生産を予定しているので、すぐにでも取り掛かりたいんです」

　シャーロットはこう答えた。「がんばります。ドキュメントの精度を高めて準備ができたら共有しますね。ドラフト[3]レベルなら数週間以内に準備できるはずです」

　リードエンジニアとして、シャーロットはプロダクトを設計してきた。同僚のカーティクと密に協力して、全員にタスクを少しずつ割り当ててきた。どのタスクにも、プロダクトのドキュメントの作成は含まれていなかったが、Corg.ly には多くのドキュメントが残されている。残っていたのは、電子メールの寄せ集め、散在する議事のメモ、ホワイトボードの写真であった。シャーロットはプロダクトのアーキテクトとして、コードに関して深く理解しており、プロダクトでできることや、開発過程でのトレードオフも分かっていた。

　シャーロットにとってCorg.lyを使うのはとても簡単だけど、他の人にとっては、それがどれだけ難しいのか考えたこともなかった。シャーロットはミーティングが終わると「どこから手をつけるべきかな？」と自問自答し始めた。

3　訳注：ドラフトとは原稿の下書き、草稿のこと

知識の呪い

1980年代後半、「人間は他人が自分と同じ知識をもっていると思い込んでいる」ことをハーバード大学の経済学者グループが発見しました。彼らはこの認知バイアスを「知識の呪い」と名づけました[4]。その数年後、スタンフォード大学の博士課程の学生が知識の呪いを実証しました。あるグループの被験者に有名な曲のリズムを指で叩いてもらうようにして、その音から別の被験者が曲名を当てる実験をしたのです。指でリズムを叩いている被験者はその曲を聞いたばかりでよく覚えているため、聴く側の被験者は曲名の大半を当てられるだろうと考えていました。

実際はそんなに当てられませんでした[5]。指でリズムを叩く側の被験者は、聴く側の被験者が51%の確率で当てられるだろうと予測していました。しかし、残念なことにわずか2.5%しか正しい曲を当てられなかったのです。

あなたも知識の呪いの被害にあってきたはずです。同僚があなたの耳慣れない専門用語を使ったり、あなたが簡単に見つけられるものと思ってAPIエンドポイントを示し忘れたり、エラーメッセージを示すものの解決に必要な背景情報が示されなかった、といった経験があるかもしれません。Corg.lyの例でいえば、シャーロットは Corg.ly のプロダクトに多くの時間を費やしてきたので、プロダクトを熟知しています。しかし、最初のユーザーは、どのようにプロダクトを理解すればよいのか分かりません。

呪いを断ち切り、効果的なドキュメントを書くためには、ユーザーへの共感が必要です。ユーザーがそのソフトウェアに求めていることと、サポートが必要になる箇所を理解する必要があります。ユーザー調査を通じて、ユーザーのニーズを十分に理解することで、ユーザーが必要とする前にそれを予測できるようになります。紙とペンを使ったり、キーボードに手を置いたり

---

4 Colin Camerer, George Loewenstein, Martin Weber, "The Curse of Knowledge in Economic Settings: An Experimental Analysis," Journal of Political Economy, Vol. 97 no. 5.

5 Elizabeth Louise Newton Ph.D., "The Rocky Road From Actions to Intentions," Stanford University, 1990, 33–46.

する前に、ユーザー調査をすることでユーザーを成功に導けるでしょう。

　ここでは、知識の呪いから逃れて、ユーザーを理解する次の方法を紹介します。

・ユーザーのゴールを特定する
・ユーザーを理解する
・ユーザーのニーズを理解し、ドキュメントがそれをどう解決するか理解する
・分かったことをペルソナ、ストーリー、マップにまとめる
・フリクションログを使って仮説検証する

ユーザーの最初のスケッチを作る

　ユーザーのために効果的なドキュメントを書くには、ユーザーが誰であって、何を達成したいのか理解する必要があります。

　まずは、プロダクトやユーザーに関してすでにある情報を集めて、レビューをするところから始めてください。これらの情報には、昔のEメール・設計書・チャットでの会話・コードコメント・コミットメッセージなどが含まれるでしょう。これらの情報をレビューすることで、ソフトウェアがどのように動くか、ユーザーがそれを使って何をしようとしているのか、より明確なイメージを描けるようになります。

　また、あなたの組織のゴールに一致するかどうかは分かりませんが、ユーザーにもユーザー自身のゴールがあります。こうした初期のレビューは、お互いの異なるゴールの間にあるギャップや離齬の特定に役立ちます。

ユーザーのゴールを定義する

　既存の情報を確認したら、ユーザーがドキュメントを読んで達成したいことを理解することが次のステップです。ユーザーのゴールを知ることで、調査の進め方が分かり、最も関連している情報のドキュメント化に注力できるようになります。

考えてみてください。そもそも、なぜドキュメントを書く必要があるのでしょうか？　単にソフトウェアについて知ってほしいからではありません。ユーザーに何らかのタスクを完了してもらいたい、もしくは何らかの方法で行動を変えてほしいからです。そこにはユーザーにとっての技術的なゴールと、ユーザーにたどり着いてほしいという、あなたにとってのビジネス的なゴールがあります。

　シャーロットにとってみれば、Corg.lyのビジネスが成功するためには、できるだけ多くの新規ユーザーが Corg.ly を使い始める必要があります。Corg.ly のドキュメントのゴールは次のようにまとめられます。

> Corg.lyのAPIを新規ユーザーが組み込めるように支援することで、新規ユーザーを獲得してオンボード[6]する。

　一方で、Corg.lyのユーザーの最もよくあるゴールは次のとおりです。

> 犬の鳴き声を人の言葉に翻訳する。

　Corg.ly というプロダクトのゴールと、Corg.ly のユーザーのゴールは異なります。しかし、1 つのドキュメントセット[7]の中であれば、2 つのゴールの整合を取れます。2 つのゴール間で異なる部分と重なる部分を明らかにすることは、ユーザーに共感することと、ユーザーのニーズを効果的に満たすことに役立ちます。

　本章の以降のセクションでは、ユーザーやニーズを調査しながら、大きなゴールを小さなゴールに分割する方法を扱います。しかし、重要なのはビジネスの視点から、ユーザー全体に渡るゴールを最初に定義することです。

6　訳注：プロダクトの使い方や仕様を顧客にすばやく理解してもらい、プロダクトを使い始めてもらうための取り組みやプロセスのこと。

7　訳注：複数のドキュメントのこと。

　プロダクトのユーザーのゴールを決めたら、書き留めておきましょう。あとから、ドキュメントによってゴールをどの程度達成していたか確認することで、ドキュメントの成功度を測定できます。（ドキュメントの成功度を測る方法の詳細は、CHAPTER 9を参照してください）

ユーザーを理解する

　ユーザーが達成したいことを理解したので、ユーザーを特定できるようになりました。ユーザーを定義するための方法はたくさんあります。たとえば、開発者・プロダクトマネージャー・システムアドミニストレーターといった役割によって定義できます。

　他には、ユーザーの経験のレベルやドキュメントを読んでいる状況でも定義できます。たとえば、新人の開発者がユーザーでしょうか？　そのユーザーは、朝4時にページャーに起こされてから、ドキュメントを読みますか？

　知識の呪いを思い出してください。ユーザーとあなたとでは、もっている知識・スキル・ツールなどが大きく異なるかもしれません。

　すべてのユーザーが同じわけではありません。ユーザー全員のニーズを満たすのは無理です。ビジネスやプロダクトにとって最も重要なユーザーを優先しましょう。

　たとえば、もしあなたのソフトウェアの主な対象が開発者なら、開発者のニーズの理解に集中してください。これはエンジニアリングチームのためにソフトウェアを評価するプロダクトマネジャーのニーズとは対照的です。ユーザーがどんなタイプの開発者なのか考えてみてください。セキュリティと信頼性に重きを置いているSRE（Site Reliability Engineer）と、APIを利用するアプリケーション開発者とでは、求めるものが異なります。

　ここまでの問いを考えたら、次はユーザー間で共通する特徴をリストに書

き出していきましょう。できるだけ焦点を絞って簡潔に書いてください。開発者がドキュメントの読み手であるなら、次のような項目を考えてみてください。

・開発者のスキル
・プログラミング言語
・開発環境
・オペレーティングシステム
・チームの役割

　特徴のリストはユーザー調査を始めるスタート地点となります。調査が進むにつれて、カテゴリを追加することもできます。

ユーザーニーズのアウトラインを作る

　ユーザーの基本的な定義と、ユーザーに達成してほしい全体のゴールができたら、ユーザーニーズのアウトラインを作れるようになります。いちばん簡単な方法は、ドキュメントで答える必要がある、ユーザーが疑問に思う質問のリストを作る方法です。

　一般に、次に示す質問は、どのプロダクトであっても適用可能です。

・これは何のプロダクト？
・このプロダクトが解決する問題は？
・どんな機能がある？
・費用はどれぐらいかかる？
・どこから始められる？

　他の質問はプロダクト、ユーザー、ゴールによって固有なものです。

・APIを使うための認証はどうすれば良いか？

・この機能はどうやれば使える？

・どうやればこの問題を解決できる？

　自分自身のプロダクトの経験を通じて、質問のいくつかはすぐにみつけられるでしょう。しかし、知識の呪いを思い出してください。ユーザーはあなたほどプロダクトに詳しくありません。だから、プロダクトに関する基本的な質問に答えることになります。ユーザー調査が進んで、ユーザーの理解を検証できるにつれて、彼らがドキュメントから回答を知りたくなるような質問を追加していけばよいでしょう。

ユーザーの理解を検証する

　ユーザー、彼らのゴール、彼らのニーズの定義ができたら、初期のユーザー理解を検証し、それを基に構築を進めていきましょう。ユーザー調査は、ユーザーが誰であるか、ドキュメントに彼らは何を求めているか確かめることに役立ちます。

　ユーザーが誰であってドキュメントに求めるものは何か、という仮説を検証・棄却する最も簡単な方法は、ユーザーとの直接対話です。ユーザーとの直接対話はユーザー理解の必勝法で、ソフトウェアを通じてユーザーが達成したいこと、現時点におけるユーザーのソフトウェアの使い方、ユーザーが抱える不満や困りごとの理解に役立ちます。

> **Note**
>
> 　ここで大事なのはユーザーの「ニーズ」に焦点を当てることです。ユーザーの「ウォンツ」ではありません。たとえば、近くの街へ旅行する移動手段について、誰かに質問するとしましょう。世界中のあらゆる選択肢から選べるなら「スポーツカーでドライブしたい」と答えるかもしれません。これがまさにユーザーの「ウォンツ」をうまく表現している例です。選べるからといって、本当にスポーツカーで旅行したいのでしょうか？　もし回答したユーザーが運転できないのなら、バスチケットを渡したほうが良い選択肢になります。スポーツ

カーがほしいとしても、彼らに本当に必要なのはバスチケットです。ユーザー調査をするときは、たとえウォンツの山に埋もれていたとしても、彼らのニーズを探し出してください。

既存の情報リソースを使う

　ユーザーとつながるための最も簡単な方法は、コミュニケーション手段がすでにある場所を見つけることです。大きな組織の一員であれば、到達したいユーザーとすでに会話しているチームがあるかもしれません。次のようなチームが該当します。

・デベロッパーリレーション
・プロダクトサポート
・ユーザー体験（UX）
・マーケティング

　これらのチームはユーザーに対する仮説の検証、追加情報の入手を支援してくれます。たとえば、ユーザーのソフトウェアの利用経験について、どんなこと知っていますか？　ユーザーを邪魔するものや、ユーザーが苦痛を感じるものは何でしょうか？　ユーザーが組み込みに成功するまでにかかる時間はどれぐらいでしょうか？

サポートチケット

　サポートチケットは既存の情報源であり、ユーザー理解のための宝の山です。ユーザーがいちばん求めていることを理解するには、怒ってカッとなっているユーザーが送ったサポートチケットに勝るものはありません。さらに、サポートチケットを挙げてくれたユーザーをフォローアップして、直接話してもらえるかを確認することもできます。

　サポートの課題を分析するために、書こうとしているドキュメントに関係する課題を、最近起票されたものに絞ってリストに取り出し、テーマごとに

分類しましょう。（**表1.1**）

表1.1 課題をグループ化した例

課題	例
トピック	特定のエンドポイントでユーザーが困惑していた
プロセス	認証に課題があったユーザーが80%いる
ユーザーの種類	Corg.lyを最近使い始めた新規ユーザーが、サポートを求めがちである
アクション	詳細な情報を提供するために特定のエラーメッセージを書き直し、ユーザーの4/5を救った

　テーマのいくつかは自明かもしれません。他のテーマは現れるまでに、時間がかかるかもしれません。同僚に加わってもらって、自分では気づけなかったテーマを見つけてもらえないか見てもらいましょう。常に知識の呪いがあることを忘れないでください。この段階であれば、自分の偏見と知識の呪いに立ち向かうためなら、誰であっても何であっても助けになります。

　パターンが見えてきたら、ユーザーの初期の定義に分かったことを追記してください。サポートチケットを出してくれたユーザーの経験レベルは、想定より高かったでしょうか？　それとも低かったでしょうか？　ドキュメント化を検討したほうがよい具体的なツールや言語はありましたか？　ユーザーの多くに共通しているニーズは表れていましたか？

新しいデータを集める

　既存の情報源が利用できない、もしくは読み手に対する仮説を検証・棄却するだけの情報量が足りないことがあります。こういうときは、より詳細な調査収集の方法を試す絶好の機会です。しかし、良い調査には時間がかかることに気をつけてください。時間に対する見返りは莫大ですが、読み手にドキュメントをすばやく届けることと、十分な量の調査とのバランスを取るのはなかなかやっかいです。

　どんなにちょっとした調査であっても、何もしないよりはましです。知識の呪いを断ち切るのに必要と感じたら、今から紹介する調査方法を追加すれ

ばよいのです。

　場合によっては、知識の呪いを断ち切り仮説検証するために、既存のオンラインコミュニティに参加してユーザーのプロダクトに対する見方を知ったり、開発者向けカンファレンスに出て他の出席者と話したりすることで十分なこともあります。または、より詳細なインタビューとサーベイをする必要があるかもしれません。

Note

　どんな調査方法であれ、ユーザーデータを集めるなら、参加者と彼らのデータを安全に保ってください。参加者から同意を得る方法と、情報を安全に保存する方法を検討する必要があります[8]。

　加えて、個人情報を集める場合は、現地のデータ保護に関する法律をよく理解しておいてください。たとえば、EUや英国であれば、どのように個人情報に組織が対応する必要があるか、GDPR（General Data Protection Regulations）で概説されています。

インタビュー

　同じテーマが何度も出てきたり切迫している要望があったりするなら、もう少し深く掘り下げるために、インタビューが役立ちます。ユーザーの時間を尊重できるならば、将来のプロダクト作りやドキュメント作りに好んで参加してくれる人はたくさんいます。

　インタビューに参加してくれるユーザーを見つけるために、すでに存在する経路があるか考えてみましょう。あなたのソフトウェアを利用しているユーザー同士がいつも会話しているオンラインコミュニティはありますか？潜在ユーザーに会えるような、近々開催されるカンファレンスやイベントはありますか？　あなたと話すことに興味をもってくれるアーリーアダプターは何人かいませんか？

8　Maria Rosala, "Ethical maturity in user research," Nielsen Norman Group, published December 29, 2019, www.nngroup.com/articles/user-researchethics/.

どんなインタビューであっても、量より質を追い求めてください。条件を満たしていないけれど簡単に見つけられる50人からよりも、ターゲットにあった潜在ユーザー5人からのほうが、貴重な知見を入手できます。もし5人しか集まらなかったとしても、それで問題ありません。アドバイスによっても異なりますが、「1回」の調査に3人から5人がいれば、今後のコンテンツを決めるために十分ともいわれています[9]。

> **Note**
>
> インタビューする相手の多様性を考慮してください。年齢、性別、障害の有無、民族性、職務、社会的・経済的な地位などを確認しておきましょう。インタビュー参加者は、ドキュメントの最終的な読み手より広いグループになっていますか?

インタビューを実施するときは、インタビューでの会話がより濃密になるように、そしてより効果的になるようにトピックを前もって準備しておきましょう。たとえばCorg.lyの大まかなトピックは次のようになります。

・同様のサービスやAPIを使った経験
・Corg.lyのAPI利用への期待

それぞれのトピックをより具体的でオープンな質問に分解してください。具体的な質問があれば、回答の範囲をうまく限定できます。オープンな質問は探索的になるため、普通はストーリーや長い説明による回答になります。一方で、クローズドな質問は限定的で、「はい」か「いいえ」での回答になります。たとえば、「ペット翻訳のソフトをこれまでに使ったことがありますか?」はクローズドな質問です。「ペット翻訳のソフトをこれまでに使った経験を教えていただけますか?」というように、クローズドな質問をオー

9　Jakob Nielsen, "Why you only need to test with 5 users," Nielsen Norman Group, published March 18, 2000, www.nngroup.com/articles/why-you-only-need-to-test-with-5-users/.

プンな質問でいい換えることもできます。

　できることなら、ドキュメントに書こうとしている一連のタスクを、インタビューを受けてもらう人にざっと体験してもらいましょう。どこで詰まっているのか観察して、プロセスやイライラについて語ってもらうのです。

　それぞれのインタビューセッションの録音もしくは文字起こしと、大まかな観察内容を残しておきましょう。オープンな質問を尋ねるのにインタビューは便利ですが、読み手が求めていることを理解するために、より直接比較するデータがほしくなることもあります。そんなときは、調査のレパートリーとして次のアンケートが役立ちます。

開発者アンケート

　情報をたくさんの人から集めたいのであれば、うまく設計されたアンケートによって、行動に移せる・即効性のある知見が得られます。これは、特に深いインタビューをする時間がない場合に適しています。優れたアンケートを作るコツは、短時間で、簡単に回答できるようにすることです[10]。

　短時間で、簡単に回答できるアンケートを作るためには、対象を絞った小さな質問セットを作る必要があります。インタビューを計画したときと同様に、見つけ出したいことを事前に知っておく必要があります。すべてを網羅するより、少数の質問に絞り込んだほうがより効果的です。

　良いアンケートの質問は次のようなものです。

・1つの質問につき、1つのことを質問している
・クローズである（回答が制限されている）
・任意回答である
・中立的である

10　Jakob Nielsen, "Keep online surveys short," Nielsen Norman Group, published February 1, 2004, www.nngroup.com/articles/keep-online-surveys-short/.

どれだけ完璧に設計された質問も、誰かが答えてくれてこそ効果を発揮します。回答率を高めるためのいくつかの戦術を紹介します。アンケートの実施者、何のデータを集めているのか、および集めている理由を明らかにしてください。回答者が答えやすいように質問を慎重に作りましょう。回答者に多くを求めすぎると、そもそもアンケートを完了してくれなかったり、回答が偏ったりします[11]。

最後に、アンケートに参加してくれたことに対するインセンティブや報酬を考えてもよいでしょう。お金やバウチャーもありますが、サービスの先行提供や情報提供でも構いません。たとえば、Corg.lyのベータ版アプリケーションへのアクセス権の提供や、コントリビューターが載った公開リストへの名前の掲載といったことです。

ユーザー調査から得られた知見をまとめる

調査内容から、結果や考察をまとめる必要はないと感じるかもしれません。すぐに直したい問題に関する情報が集まっているかもしれません。しかし、待ってください！ 得られた知見は簡単に失われてしまいます。ここで時間を取って、得られた知見をあとの執筆ステップでも参照できる形にまとめておくことには価値があります。

ユーザー調査から分かったことをまとめるために役立つ方法が3つあります。

・ユーザーペルソナ
・ユーザーストーリー
・ユーザージャーニーマップ

11　6 Gerry Gaffney and Caroline Jarrett, Forms that work: Designing web forms forusability（Oxford: Morgan Kaufmann, 2008）, 11-29.

ユーザーペルソナ

　ユーザーペルソナは理想の、もしくは現実の読み手を表現するために作られる半分架空のキャラクターです。このペルソナは特定の1人をベースに作ってもよいですし、これまでの調査から分かった人たちを合体させた人がベースになっても構いません。ユーザーペルソナには、（実在であれ架空であれ）個人に対する短い説明があり、そのペルソナのゴール・スキル・知識・状況のリストが含まれています。

　ユーザーペルソナを作るために、これまでの調査を通じて理解したユーザーに関する、必要不可欠な特徴をリストにまとめましょう。たとえば、Corg.ly の最初の顧客であり、上級開発者であるメイのペルソナは次のようになります。

名前	メイ
開発スキル	上級
言語	Python、Java
開発環境	MacOS、Linux
役割	リード開発者

　Corg.ly を使うユーザーには、初級レベルの開発者も多くいます。たとえば、そのペルソナをチャールズとすると次のようになります。

名前	チャールズ
開発スキル	初級から中級
言語	Python
開発環境	MacOS、Linux
役割	初級開発者

　ペルソナを作ったら、残りの調査で焦点を当てるペルソナを検討してください。今回のチャールズとメイの例であれば、ドキュメントを作成するときに、まずはチャールズに近いユーザーから重点的に取り組むのが有益でしょう。メイのようにプロダクトをすばやく理解する上級開発者よりも、チャー

ルズのように、ガイドや説明をより必要とする開発者はたくさんいます。

ユーザーペルソナを作るときは、ユーザーのニーズを考えてください。支援を最も必要としているのは誰でしょうか？　ソフトウェアを使うときに最も急な学習曲線を描くのは誰になりますか？　プロダクトの採用を決める上で最も重要なのは誰でしょうか？

ユーザーストーリー

時間に余裕があれば、ペルソナと一緒にユーザーストーリーも作っておくとよいでしょう。ユーザーストーリーは、ユーザーが達成したいことを短くまとめたものです。また、今後にやってくる計画・執筆・編集・公開・保守においてユーザーニーズを意識し続けるために、ニーズをまとめておける最適な方法です。アジャイルなプロダクトチームで働いたことがあるなら、ユーザーストーリーをよく知っているかもしれません。

ユーザーストーリーには、同じフォーマットをよく利用します。すなわち、

「あるユーザー」として「あるゴール」を達成するために、「ある活動」をしたい

というフォーマットです。

調査して分かったことはたくさんの種類の文に分解できます。また、ユーザー調査の中から重要な部分を１つ抜き取って、それに対する複数のユーザーストーリーを作ることもできます。Corg.ly のユーザーを例に取ると、次のようなユーザーストーリーになります。

開発者として、散歩中に飼い犬が伝えていることを知るために、自分のスマートウォッチに Corg.ly のデータを組み込みたい。

ユーザーストーリーが着目するのは、「API の使い方を知りたい」や「良いドキュメントがほしい」という内容ではありません。着目するのは、ユー

ザーが達成したい大まかなタスクやユーザーのモチベーションです。

ユーザージャーニーマップ

　大量の調査ノートやメモが得られる本格的な調査では、ビジュアルによる図解が便利です。ユーザージャーニーマップは、ユーザーが特定のタスク完了を試みているときに、プロダクトやWebサイトでユーザーがたどった経路を図解したものです。このマップには通常、ユーザーがソフトウェアやドキュメントに接するときにたどりうるすべての経路、言い換えればチャンネルが描かれます。ユーザージャーニーマップは時系列になっており、ユーザージャーニー上の各ポイントでユーザーが実施する内容と、各手順におけるユーザーの気持ちやユーザーの体験が説明されます。ユーザージャーニーマップの作成は、分かったことをまとめるための簡潔な方法であり、ユーザーが最も幸せを感じる箇所と改善可能な箇所を浮き彫りにしてくれます。

　ユーザージャーニーマップを作る手順は次のとおりです。

1．ユーザーが達成したいタスクを定義する
2．ユーザーが利用するチャンネルをリストアップする（たとえば、Webサイト、ドキュメント、コードリポジトリ、アプリケーションそのもの）
3．各チャンネルを通じてユーザーが実施する手順をまとめる（たとえば、発見、新規登録、インストール、設定、テスト、実行、レビュー）
4．各手順のユーザー体験をリストアップする（たとえば、何をしているのか、どんな気もちか、何を考えているか）
5．チャンネル、手順、体験を1つの流れで表す

　図1.1はユーザージャーニーマップの例です。ユーザーがCorg.lyを調査して、新規登録して、アクセスするまでのユーザージャーニーを表しています。上段の行は、シャーロットの調査から分かった、ユーザー間で共通する疑問を示しています。中段の行は、ユーザージャーニーを通じて得られるユーザー体験（現在のユーザー体験がニーズを満たしているのか、それとも満たし

ていないのか）を表しています。下段の行は、より良い体験を提供するために、シャーロットのチームがドキュメントやプロダクトを改善する機会をリストアップしています。

　自分に役立つデザインが見つかるまでに、何度か繰り返す必要があるかもしれません。ユーザーが良い体験を得られていない箇所や、ユーザーが難しい手順をやり遂げるために役立つ手段がほとんどない箇所を強調しておくとよいでしょう。

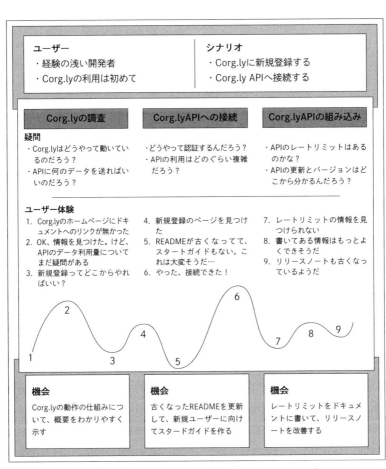

図1.1 Corg.lyを使い始めるまでのユーザージャーニーマップ

フリクションログを作る

　ここまでの調査結果からユーザーを取り巻く状況、ユーザーの知識、スキルが分かってきています。また、ユーザーの達成したいこととその理由も分かってきました。ここからはユーザーの立場に立って、ユーザーを邪魔するフリクション[12]を自分で体験してみましょう。

　フリクションはさまざまな形で現れてきます。不満・怒り・落胆・ストレスなどはすべて、フリクションの症状であり同じ結果につながります。すなわち、ソフトウェアに対する不信感とソフトウェアを利用しなくなるという結果です。

　フリクションログは、ユーザーがソフトウェアを試すように、あなた自身がソフトウェアを試して体験を記録したログです。体験を記録しておくために、各手順を順番にログに残し、ソフトウェアに対して期待する振る舞いと実際の振る舞いを書いておきます。期待と現実とのギャップが大きければ大きいほど、ソフトウェアやドキュメントを改善する余地があるということです。

　すばらしいフリクションログでは不規則にスコープが広がるのを防ぎ、結果を行動可能なものに保つために、影響の範囲が限定されています。たとえば、開発者がソフトウェアを初めてインストールする場合のように、開始と終了が明確なシナリオとユーザーを選びましょう。そのシナリオと、使っている環境やバージョンといったその他のテストに関する情報をページのいちばん上に書いておきましょう。

　さて、ここからは手順を実行して、体験を記録していきます。できる限り、自分の既存の知識やメンタルモデルを脇に置いておきましょう。ユーザーの立場になってしっかり考えてみるのです。手順を完了するまでにどう感じましたか？　簡単でしたか？　問題なく進めることができ、安心しましたか？

12　訳注：フリクション（friction）とは、摩擦や抵抗のこと。転じて本書では、ソフトウェアやサービスの利用時にうまく使えなかったことや、違和感などを示している。

それとも不安でしたか？　迷いましたか？　イライラしましたか？

　フリクションログは、それぞれのタスクを1行にまとめ、ステップごとに番号を振って作成します。たとえば、Corg.lyのAPIを使い始めるなら、最初の手順はCorg.lyの有料アカウントへの新規登録になります。新規登録のタスクを完了するためのプロセスには、次に示すようにフリクションがたくさんあります。

ゴール: Corg.lyのAPIを使い始める	
タスク:	フリクションログ:
1. Corg.ly の有料アカウントに登録する	1. Corg.lyのWebサイトを開いた。 2. 登録フォームに移動した。ページの最下部までスクロールする必要があった。見つけるのが難しかった。ページの上部にあったほうがいいかも？ 3. フォームの記入を完了した。クレジットカード情報を入力した。 4. 登録ボタンをクリックした。登録完了のメッセージがなかった。エラーも出ていなかった。 5. いくつかのフィールドが空欄になっていることに気づいた。空欄のフィールドがあるときは、新規登録処理をできないようにしてなかったっけ？ 6. 空欄のフィールドを埋めた。 7. 登録ボタンをクリックした。今度は登録完了メッセージが出て、情報が正常に送信されたと知らせてくれた。

　ポジティブとネガティブな体験が分かるように、フリクションログに色付けしておくとよいでしょう。たとえば、「簡単に手順を完了できた」「成功と明らかに判断できる情報があった」「次の手順にガイドしてくれた」といった部分を緑色にしておきます。特にイライラした手順や、うまく進めなかった手順は赤色にしておきます。

　シナリオを終えたら、ログを調べてみましょう。特に難しかった手順はありましたか？　もしくは、なんとかできたけれど、改善できそうなところはありましたか？　フリクションログによって、ドキュメントの変更で改善できる手順と、ソフトウェアの変更で改善できる手順を検討する機会が得られます。もしかすると、ドキュメントというよりプロダクトの修正点（たとえば、エラーメッセージの不足や、コマンドの打ち間違い）を見つけるかもし

れません。これらを把握しておくために、バグレポートもしくはチケットの作成を検討し、最も重要なドキュメントを集中して書く時間を確保してください。

　フリクションログは、ドキュメント作成プロジェクトの初期段階のみで作成されるわけではありません。やり直してみる、もしくは新しい部分でフリクションログを取ってみることは、新しい改善点を見つけるだけでなく、読み手と再びつながり、ソフトウェアを初めて体験するときの感覚を思い出す良い方法です。やがて、ソフトウェアと一緒にドキュメントの使いやすさをテストできるようになります。これは、ドキュメントの効果を測定するための手軽な方法になります。ドキュメントの品質測定は、CHAPTER 9で詳しく扱います。

まとめ

　効果的なドキュメントを作成するためには、ユーザーへの共感が必要です。インタビュー・開発者アンケート・サポートチケットの見直しといったユーザー調査やツールからユーザーへの共感が得られます。あとで参照できるように、ユーザー調査した結果をペルソナ、ユーザーストーリー、ユーザージャーニーマップにまとめておきましょう。

　自分でソフトウェアを試したり、フリクションログに体験を記録したりすることで、ユーザーに共感しましょう。ドキュメントもしくはプロダクトの改善を通じて、ユーザーに役立つ箇所を見つけてください。

　次の章では、ドキュメントの計画を作成することによって、ユーザーへの共感を行動へつなげる方法を扱います。

CHAPTER 2

ドキュメントの計画

Planning your documentation

計画の作成

シャーロットは 3 週間かけて、Corg.lyのユーザーを調査した。まず、彼女とアインは、地域のドッグランで興味をもってくれたユーザー数名に何度かデモを行った。次第にユーザーのCorg.lyに対する期待や、どんな種類のプロダクトやアプリケーションを作ればよいのか、ドキュメントに求められていることも分かってきた。

シャーロットは、ユーザーの問題とCorg.lyによるその問題の解決方法を完全に理解した気分だった。

（でも、頭の中にある情報を適切な種類のドキュメントにどうやって落とし込めばいいんだろう。これは大変だな。）

シャーロットとカーティクの 2 人でドキュメントの作り方を考えているときに、前と同じ方法が使えることに気づいた。ユーザーのニーズを理解して、彼らのユースケースを解決するようにコンテンツを作れば良いのだ。

Corg.lyを利用する新規開発者が今後の鍵になってくるということ、そのためにスタートガイド[13]が必要不可欠であることをシャーロットのチームは理解していた。加えて、機能がたくさんあるサービスにおいては、最も一般

---

13 訳注：原文では "Getting Started"。日本語では、「スタートガイド」「クイックガイド」「はじめよう」などさまざまな表現がある。本書では「スタートガイド」で統一して説明する。

的なワークフローに対する、しっかりしたユースケースのセットが必要となる。また、サービスが新しいうちは、新規ユーザー向けに充実したトラブルシューティングコンテンツを提供しておきたい。幸いなことに、フリクションログ、ユーザーインタビュー、ミーティングのメモといった資料はすでに揃っている。

　ユーザーに伝えるべき情報は分かった。さぁ、ドキュメントの計画をはじめよう！

計画とパターン

　前章では、ユーザー調査を通じて読み手を深く理解してきました。その理解があれば、ユーザーニーズを満たすために必要なコンテンツの種類を決定できます。

　本章を読み終える頃には、ドキュメントの計画方法が分かるようになります。また、コンテンツのタイプや、ユーザーニーズをいちばん満たすタイプの選び方も分かるようになります。

　効果的で一貫性のあるドキュメントを作るために、コンテンツのタイプはいくつかのパターンに分かれています。解決したい問題が異なれば、コンテンツの種類も異なります。

　本章では、最もよくあるコンテンツのタイプや、それらを使うタイミング、複数のコンテンツのタイプが必要になるジョブを説明します。また、ユーザー調査と既存のコンテンツから、ドキュメントの計画へと落とし込む方法を説明します。既存のコンテンツには、設計ドキュメント、メール、打ち合わせでのホワイトボードの記録、ミーティングメモ、古いドキュメント、書きかけのドキュメントがあります。ドキュメントの計画があれば、書くべきことと、その書き方が分かるようになります。

　ビジネスの問題やユーザーシナリオとも呼ばれるユースケースとは、ゴールの達成に必要な一連のタスクのことです。それぞれのタスクは、サービスやシステムとの関わりを表します。ユーザーを調査して見つけた、ユーザー

にとって最も重要なゴールからユースケースを作り出せます。ユーザーにとって最も重要なゴールを見つけると、ユーザーのニーズを解決するコンテンツのタイプとともに、ドキュメントの計画を立てられるようなります。良いドキュメントには、ユーザーがゴールを達成することに役立つユースケースが載っています。

　本章を読み終わる頃には、次のことができるようになります。

・開発者向けドキュメントによく使われるコンテンツのタイプを理解する
・各コンテンツのタイプに最適なパターンを知っている
・相互補完し合うコンテンツのタイプの最適な組み合わせを知っている
・コンテンツを作成するための包括的な計画を作成する

コンテンツのタイプ

　ユーザーに必要な特定の種類のドキュメントを書くために、コンテンツのタイプが役立ちます。各ドキュメントタイプは、特定のタスク、ユーザータイプ、学習の好みに対応しています。

　以降のセクションでは、開発者に最も使われるコンテンツのタイプと、それらをドキュメントの計画に組み込んでいく方法を説明します。コンテンツの各タイプに独自のテンプレートや使い方がありますが、ユーザーに最適なものとなるように修正して使うとよいでしょう。

コードコメント

　開発者にとって、最も基本的なコンテンツのタイプはコードコメントです。コードコメントはコードの実行内容以上に、コーディングにおける設計上の意思決定とトレードオフを記録しており、何を行っていたのか、なぜそうしたのかを説明しています。

　良いコードコメントの基本的な考え方は次のとおりです[14]。

・簡潔に保たれていること

・関連性があること

・過剰にならない程度に自由に使われていること

　コードベース[15] が成長するにつれて、過去の意思決定の背景を保存することが有益になります。複雑なコードの前に、1 行のインラインコードコメントを書いておくだけで、将来の開発者の時間を大幅に節約できます。複雑なシステムでは特に、コードは決して完璧にはなりません。そのため、コードが自己文書化されることは滅多にないのです。サポートしてくれる同僚、新しくチームにやってきた開発者、もしくはオープンソースのコードに貢献しているならコミュニティ全体のいずれにしても、最終的にコードを読む人は増えていきます。

　開発者によっては、「コードコメントが不要となるように、コードを明確にすべきだ」という考えにより、コードコメントに異を唱えます。また、「コードが更新されたらコメントも更新する必要があるため保守の負担になる」とも主張します。この主張はある程度、理にかなっています。しかし、コードコメントからは、コードそのものからは読み取れない有用な情報やコンテキストを読み取れます。コードコメントは、混乱やあいまいさを減らしてくれるのです。

Note

> 　たとえ開発者 1 人でプロジェクトに取り組んでいたとしても、コードコメントは非常に大きな助けになります。読み手のみなさん自身、コードをしばらく脇に置いて数か月後に戻ってきたとき、「何をしていたか、なぜこの選択をしたのだろうか」と頭を悩ました経験がおそらくあるでしょう。自分のコードに再び向かいあうとき、コードコメントは役に立つのです。

14　B.J. Keeton, "How to comment your code like a pro," Elegant Themes, published April 3, 2019, www.elegantthemes.com/blog/wordpress/how-to-comment-your-code-like-a-pro-best-practices-and-good-habits.

15　訳注：コードベースとは、ソフトウェアを構成するソースコードの集合のこと。

README

　システム全体の概要を理解するためには、コードコメントだけでは十分ではありません。コードの存在理由やコードが解決している問題、コードの重要性をユーザーが理解するために、READMEを書きましょう。

　READMEは1つのテキストファイルであり、多くの場合、Markdown形式で書かれています。READMEはコード全体を要約していて、コードリポジトリの最上位に配置されています[16]。また、概要や説明がさらに必要となる、重要なサブフォルダにREADMEを置くこともあります。READMEは次のような基本情報を含んでいます。

・**概要（コードが実行していること）**
・**インストール方法**
・**トラブルシューティング手順**
・**コードのメンテナー**
・**ライセンス情報**
・**更新履歴**
・**基本的な例**
・**より詳細な情報やドキュメントへのリンク**

　READMEは簡潔・有益・正確・最新である必要があります。コードに変更を加えるときは、その変更内容にREADMEが常に追従し続けるようにしてください。READMEはリポジトリに対するチートシートとして機能するだけでなく、ユーザーが利用する包括的なドキュメントの基礎として機能することがよくあります。本章にあるREADMEのテンプレートの例に従えば、ユーザーが使い始めるのに必要な情報を提供できます。詳細・簡潔なREADMEとするために、追加情報は付録としてリストアップされています。

16　Omar Abdelhafith, "README.md: History and components," Medium, published August 13, 2015, https://medium.com/@NSomar/readme-md-history-and-components-a365aff07f10.

次のリスト2.1はREADMEのテンプレートを示しています。

リスト2.1 README

README

ソースコードの大まかな実行内容を説明する1つか2つの段落があります。
Corg.lyの例であれば次のとおりです。
Corg.lyは犬の鳴き声を人間の言葉に翻訳するサービスです。
翻訳内容の送受信にAPIを使っており、翻訳精度を定期的に改善するために
機械学習のモデルを使っています。

インストール方法

  1.
  2.
  3.
  4.
  5.

コード例
トラブルシューティング
更新履歴
追加情報
ライセンス

スタートガイド

　第一印象と最初のユーザー体験を通じてユーザーを導いていくのが、スタートガイドの重要な役割です。スタートガイドは、ユーザーの立ち上げを支

援する機会となります。また、良いドキュメントによってユーザーを導きサポートすることで、ユーザーと信頼を築く機会にもなります。そのスタートガイドを書くときに、自分自身に問うべき質問は次のとおりです。

・サービス内容と核となる機能をいちばん短く説明するなら？
・プロダクトをインストールして使うための最も簡単な方法は？
・新規ユーザーが感じる最も重要な疑問は？
・サービスを使ってできるすごいことはなにか？

　スタートガイドは、ユーザーの関心を現実のプロダクト開発へ変換できる内容にすべきです。あなたのプロダクトがとてもシンプルなものであるなら、ユーザー側のコードにそのプロダクトを組み込む、基本的な手順を説明できるでしょう。複雑なプロダクトであるなら、インラインで埋め込むような、もしくはダウンロード可能なサンプルコードを用意するとよいでしょう。少ない手順で、ユーザーがプロダクトを使い始められるようになります。単にプロダクトを説明するよりも、プロダクトを実際に見せるほうがよいのです。
　また、スタートガイドは、より高度なコンテンツへ進む前のスタート地点にもなります。よくあるドキュメント構成の間違いは、ハウツーガイドのような詳細なドキュメントのみを作ることです。しかし、ユーザーがサービスを使い慣れていようが、単に触ってみたいだけであろうが、すべてのユーザーをサポートできるようにしてください。ユーザーが、プロダクトに何ができて、彼らに何をもたらすかをすばやく理解できるようにサポートする必要があります。スタートガイドはこの問題の解決に役立つのです。

コンセプトドキュメント

　次のコンテンツのタイプは、コンセプトドキュメントです。コンセプトドキュメントは、サービスの裏側にある考え方とアイデアの理解に役立ちます。サービスがどのようにユーザーのために機能するのか説明しています。コンセプトには開発者の主張が入っても構いません。しかし、実装に関する詳細

へ立ち入るのは避けるべきです（実装の詳細は本章の後半で扱う手順書など
に含まれます）。

コンセプトドキュメント

コンセプトガイド

ドキュメントで説明されるコンセプトを最初の段落で紹介します。

概要
コンセプトの技術的な概要を説明します。
追加のサブコンポーネントや、後続のサブセクションで使う関連コンセプト
も説明します。

関連コンセプト1
…

関連コンセプト2
…

その他の情報
チュートリアルやハウツーガイドといったコンセプトを実装するような、関
連しているドキュメントをリストアップします。

　議事録、設計文書、ホワイトボードに描かれた図、内部向け文書は、サー
ビスのコンセプトを説明する格好の情報源になります。

　特に手順やチュートリアルの背景説明としてコンセプトを含める場合は、
コンセプトドキュメントは短く簡潔に保ちましょう。リスト2.2の内容に焦
点を当ててコンセプトドキュメントを書いてください。

　1つのドキュメントで説明するコンセプトの数を絞りましょう。一般に、

読み手は一度に1つのコアコンセプトをすんなり理解できます。もし複数の新しいコンセプトを説明してしまうと複雑になってしまうため、読み手は苦労するかもしれません。コンセプトドキュメントをシンプルに保つことで、初心者でもサービスを快適に学習できます。上級者であっても、効率よく学習できることに感謝してくれるでしょう。

Note

　コンセプトドキュメントは簡単なユーザー調査の良い機会になります。ユーザーにドラフトを読んでもらい、彼らに読んだ内容を説明してもらってください。理解できたコンセプト、理解できなかったコンセプトを評価するのです。フィードバックをもらったらドキュメントを改善します。必要であればこの取り組みを何度も繰り返しましょう。

　また、このユーザー調査によって、他のコンテンツをドキュメントの計画に含めるべきか分かるようになります。繰り返しユーザー調査を実施することで、コンセプトドキュメントを改善するだけでなく、ドキュメントの他のタイプで埋められるギャップの特定に役立つのです。

手順書

　次のコンテンツのタイプは手順書です。手順的なコンテンツには、チュートリアルとハウツーガイドが含まれます。チュートリアルやハウツーガイドには、インストールからAPIの組み込みまであらゆる内容が含まれます。構造化された手順セットに従うことで、特定のゴールを読み手が達成する方法が手順書で説明されています。1つの手順につき、ユーザーが取る1つの行動を説明するようにしましょう。

　多くの人は問題を解決するため、もしくはタスクを完了するためにドキュメントを読みます。彼らはできるだけすばやく、できるだけ効果的にそれらを実施したいのです。ガイドとチュートリアルを執筆するために、有用なパターンがいくつかあります。

・できるだけガイド単体で読めるようにしましょう。ユーザーが必要とするすべての行動を1つのページにまとめておきましょう。

・必要な手順数は、ユーザーが必要とするものに絞りましょう。たくさんのステップからなる手順は、情報量が多すぎてユーザーは複雑だと感じます。また、長い手順によりミスが起きやすくなり、必要な保守も多くなりがちです。

・長い説明を避けましょう。数行の説明文や適切な配置の画像は効果的です。しかし、手順書内に付加的なコンテンツがあまりに多いと、ユーザーを怯（ひる）ませてしまいがちです。良い方法は、1枚の標準的なモニター画面で2つ以上の手順をユーザーが見られるように書くことです。手順に説明が多すぎると気づいたなら、コンセプトガイドに情報を分けることを検討してください。なお、これはサンプルコードには当てはまりません。

チュートリアル

チュートリアルとは、特定のゴールを達成する方法をユーザーに伝える手順のことです。チュートリアルは、ユーザーがコードを実際に書かなくても、組み込みできるかどうかテストするのに役立ちます。良いチュートリアルには、学習向けにユーザーが使える環境があり、テストデータやツールが提供されていることすらあります。

チュートリアルに10個以上の手順が含まれているなら、おそらく複雑すぎるユースケースに対応しようとしています。もしくは、1つのドキュメントに手順をたくさん詰め込みすぎでしょう。長く、時間のかかるチュートリアルをユーザーがやり遂げる可能性は低いのです。

どんなにがんばっても、長いチュートリアル、さらにいえば手順的なコンテンツを少ない手順に凝縮できないならば、サービスそれ自体が複雑すぎるかもしれません。何かと結合できる、自動化できる、もしくはサービスから省略できる手順があるかもしれません。そのような場合は、プロダクトの開発者と話し合うべきでしょう。

　複雑なドキュメントは、ユーザーが抱えている潜在的な課題の特定に役立ち、サービスを改善する機会につながることがあります。1つのドキュメントに何時間もかけることが組織の求めるユーザー体験につながるかどうか、開発チームと話し合ってみましょう。一方で、もしシステムを複雑にしているのが自分である場合は、かなり簡単な会話になるはずです。

ハウツーガイド

　手順的なコンテンツのタイプの中心となるのがハウツーガイドです。ハウツーガイドは、サービスに対して特定の手順を実行することで、現実のビジネスの課題をどのように解決できるのか説明します。

　ハウツーガイドはユーザーにとって重要な差別化要因であり、また課題に対する識別要素となります。したがって、ユーザーの課題の解決方法ごとに1つのドキュメントを作ります。チュートリアルが焦点を当てるのは学習ですが、ハウツーガイドはユーザーの実際のコード実装に基づいた内容になります。

　ハウツーガイドを計画するときは、ユーザーニーズに注目し、ユーザーに何を実現してほしいかという自社の戦略を理解しておきましょう。ハウツーガイドの執筆と保守にはたくさんの労力がかかるので、注意深く計画して、内容をよく選んでください。サービスの提供限界に位置するようなエッジケースを書いてしまうと、ユーザーが迷子になりかねません。

　ハウツーガイドを書くための良いパターンは、「言葉をシンプルにする」「行動を明確にする」「ハウツーガイドが解決する問題を継続的に改善する」ことです。

　ガイドの冒頭に前提条件を入れましょう。前提条件には、システムやパッケージで必要となるバージョンのような依存関係を含めます。専門的なスキルや知識が必要ならば、前提条件にそれらも含めておきます。ただし、これはできる限り避けてください。知識やスキルの評価は主観的になりがちで、不要な要件の追加になるためです。前提条件は、ゴールの達成に向けた必要事項をユーザーに伝えるだけではなく、ユーザーの非常口にもなるのです。

　効果的なハウツーガイドは、できる限り1つのページで完結するようにな
っています。言及している用語や概念を説明している別のページがあるたび

リスト2.3　ハウツーガイド

ハウツーガイド

最初のパラグラフでは、中心コンセプトを紹介し、概要を説明します。

前提条件

事前に実行が必要な手順をリストアップします。

手順

1.
2.
3.
4.
5.

次のステップ

このハウツーガイドの次にユーザーが実行すべき追加のドキュメントをリン
クします。

17　訳注：CHAPTER 3で説明。本文中で読み手の目を引くもの。

に、リンクを張りたくなります。しかし、クリックするリンクが多すぎると、ユーザーの気が散ります。未知の新しいことがらを教えるために、自由自在にリンクを使っているWikipediaとは対象的に、ハウツーガイドは1つのページで完結させることでユーザーが集中できるのです。

　ユーザーは何らかの課題を解決したくてドキュメントを読みにくるので、あなたはそのユーザーの課題をできる限り早く解決できるようにしてあげたくなるでしょう。もし、ユーザーがドキュメントサイト内にあるリンクを飛び回るようになれば、もともと解決しようとしていた課題から徐々に遠ざかっていきます。熱心なユーザーの中には、提供されているすべての情報を学びたくなる人もいます。こうしたユーザーは「コンセプトにリンクされているということは、きっと重要なんだろう」と考えるでしょう。その結果、圧倒的な量のタブを彼らは開いていくことになるのです。あなたのゴールは、ユーザーが本筋から外れないようにガードレールが備えてあるガイド付きの体験を提供することです。

　ドキュメントの途中で出てくるリンクは読み手の注意を逸らす可能性があります。その代わりに、ドキュメントの最下部にある追加のリソースセクションにリンクを記載してください。関連コンセプトや次のステップへのリンクは、ユーザージャーニーの次のステップに進むのに役立つ、より大きなコンテキストを提供することで、ユーザーとの信頼関係構築に役立ちます。

リファレンスドキュメント

　ユーザーが開発を始めると、すぐリファレンスドキュメントに頼り切るようになります。手順書やコンセプトドキュメントは教育や情報提供を扱うのに対し、リファレンスドキュメントは原因と結果を扱います。すなわち、行動とその結果を説明するのです。これは、トラブルシューティングにも当てはまります。ユーザーがエラーやフリクションに遭遇しても、リファレンスドキュメントがあれば元の軌道にすばやく戻れるようになります。

API リファレンス

APIドキュメントは、ユーザーが開発を始めるときに信頼できるリファレンスです。良いAPIドキュメントは次のとおりです。

- すべてのリソースとエンドポイントに対する詳細なリファレンスが提供されている
- 豊富な例が提供されている
- ステータスコードとエラーメッセージが定義され、リストアップされている

APIリファレンスは簡潔で最小限にすべきです。一般に、そのAPIが準拠している仕様と、RESTとJSONといったフォーマットを事前共有してから、認証方法を説明するのは良いやり方です。また、対話形式でAPIを利用しながら、長い手順をデモするプロダクトドキュメントを使ってもよいでしょう。

包括的なAPIドキュメントを提供する最も良い方法は、ソースコードに説明用のコメントを書いておいて、ソースコードからドキュメントを自動生成する方法です[18]。自動生成によって、手作業でドキュメントのたくさんのページを作る手間を省け、コードとコンテンツを結合させることで、より完全なリファレンスを提供できます。

APIリファレンスには、すべてのリソース、エンドポイント、メソッド、パラメータを定義して、リクエストとレスポンスの例を載せるとよいでしょう。CHAPTER 5ではサンプルコードのベストプラクティスを扱います。

ステータスコードとエラーメッセージを定義してリスト化しておくのは、開発者をうまくサポートするすばらしい方法です。エラーコードが意味することとその解決方法と一緒に、開発者がAPIを使っているときに遭遇するエラーメッセージをドキュメントで説明しておきましょう。

開発者は、APIリファレンスが他の残りのドキュメントと分かれているこ

18　Shariq Nazr, "Say goodbye to manual documentation with these 6 tools," Medium, published March 30, 2018, https://medium.com/@shariq.nazr/ say-goodbye-to-manual-documentation-with-these-6-tools-9e3e2b8e62fa.

とに慣れています。コンセプトドキュメントや手順書はより多くのコンテキストを与えてくれる一方、APIリファレンスはサービスのコードに根ざしています。あなたのサービスを組み入れる開発者にとって、APIリファレンスは真の情報源として機能します。開発が始まったら、APIリファレンスに頼り切ることになります。

> **Note**
>
> 開発者のニーズに最適なリファレンスを作るための資料がたくさんあります。詳しくは、本書の最後にある付録を確認してください。

用語集

どんな複雑なシステムにも、意味が不明瞭な用語があります。用語集とは、あなたのサービス・分野・業界に特化した、用語や定義を集めたものです。

ドキュメント内での用語の一貫した活用に、用語集が役立ちます。同じ用語が異なる意味で定義されていたり、同じものに対して異なる用語が使われていたりすると、読み手をいら立たせることになります。用語の不統一は、文脈の中での用語の理解を困難にするだけでなく、プロダクトを提供する組織が用語の定義に確信をもっていないことを示すため、ユーザーの信頼性を低下させます。用語集は包括的である必要はありませんが、ユーザーがサービスを使うにあたって必要な用語は定義されている必要があります。

> **Note**
>
> 用語集に含める外部リンクは制限しましょう。特にサードパーティーの用語を使っている場合、外部サイトへのリンクを張りたくなるものです。しかし外部リンクを置くことは、サードパーティーが情報を最新の状態に保ち、同じ場所に置いてくれることを期待することになるため、彼らに振り回されることになります。

トラブルシューティングドキュメント

サービスの開発者が修正するよりも早く、サービスのギャップや制約がユ

ーザーによって見つかることがよくあります。ユーザーやサービスの開発者が既知の問題を特定したら、サービスの開発者はトラブルシューティングドキュメントを使い、いろいろなやり方で回避策をドキュメントに起こせます。

　回避策のドキュメントが示す解決方法は、ユーザーにとって直感的ではないでしょう。ただ、既知の制約はあっても、タスクの完了という目的を果たせることに変わりはありません。ユーザーの時間を節約するために、既知の問題やバグの透明性[19]を保つことが重要です。なぜならば結局は、ユーザーがそれらを発見するからです。既知の制約は多くの場合、エッジケースが含まれています。エッジケースとは、あなたが想定していなかったユーザーの行動、もしくは推奨しないような動作を含むケースのことです。サポート対象外のエッジケースを、ユーザーに明確に伝えておきましょう。

　トラブルシューティングの情報を整理するときは、問題の発生理由を過度に説明する代わりに、回避策に集中するのが最善です。問題の説明と一緒に、解決策や修正方法を含めるようにしてください。

　トラブルシューティングのページにやってきたユーザーは、多くの場合、イライラの原因となる問題を解決しにかかります。できる限り早く、問題を解決できるように支援しましょう。

　トラブルシューティングリファレンスのもう1つのタイプは、すべてのエラーメッセージをリストアップして、原因と解決策に関する情報をさらに提供するやり方です。そうすることで、ユーザーがエラーメッセージをコピーアンドペーストして検索できるようになり、抱えている課題に関するより多くの情報を見つけられるようになります。

　エラーメッセージをドキュメントに載せるときの良いパターンは、1つのページにメッセージをまとめておくことです。コピーアンドペーストで効率的にエラーメッセージを探せるようになります。また、チュートリアルや手順で発生しうる具体的なエラーメッセージを含めておくのも良い方法です。

19　訳注：原文では transparent。ここでの透明とは、情報が可視化されて、誰からも見える状態になっていること。

トラブルシューティング

課題 1

説明

修正方法

　1.

　2.

課題 2

説明

修正方法

　1.

　2.

> **Note**
>
> 　FAQはトラブルシューティングの情報の整理でよく使われる方法ですが、質問と回答という形式は避けましょう。代わりにユーザーの課題とその解決方法をリストアップします。FAQは論理構成がなく、非常に長い、雑多な質問リストになりがちです。FAQを作ると決めたら、短く焦点を絞ったものに保ちましょう。

変更に関するドキュメント

　変更履歴は、サポートやエンジニアリングといった内部のチームにとって有用な記録になります。変更時期、顧客に影響があったタイミングといった情報を理解しておくと、トラブルシューティングで役立ちます。変更履歴が最も多く書かれるのはAPIドキュメントです。APIドキュメント内の破壊的変更や新バージョンによって、あなたのサービスを開発者がすでに組み込んでいる部分に、悪影響が出てくることがあります。

重大な変更、もしくは破壊的変更が起こるたびに、その内容・理由・発生時期に関する情報を提供しましょう。ユーザーへ変更を知らせるそのときに役立つだけでなく、過去にさかのぼって問題のトラブルシューティングを行う際にも、自分に影響を与えた可能性のある変更がいつ行われたか確認できるのです。

　次のデータを含む変更を時系列にリストアップしましょう。

・過去のサポートバージョン、統合、または廃止予定の機能
・パラメータや重要なフィールドの名前の変更
・オブジェクトやリソースの移動

　リリースノートはもう1つの有益な、ドキュメントのタイプです。リリースノートから、変更履歴にリストアップされた変更に対する豊富な背景情報が得られます。変更履歴は自動生成であったり、箇条書きだけで背景はほぼ示されたりしないのに対し、リリースノートはユーザーに直接語りかけます。「ここが変更箇所です。理由はこうです。前はこうでした。これからこうなります」

　リリースノートから、ある変更が生じた理由をユーザーが理解するための背景情報が得られます。リリースノートには次の内容を載せます。

・新機能
・バグ修正
・既知のバグや制約
・移行方法

リスト2.5 リリースノート

リリースノート

2020-03-19

1つ目のアイテム

　・概要

　・影響

　・理由

　・必要なアクション

2つ目のアイテム

...

2020-03-11

...

ドキュメントを計画する

　ここまでで、ユーザーに最適なコンテンツのタイプやパターンを理解したので、ドキュメントの計画を立てられるようになりました。ドキュメントの計画は柔軟なアウトラインとして機能し、執筆するコンテンツを通じたユーザージャーニーの緻密な計画を容易にします。

　良いドキュメントの計画は、次を可能にします。

・情報に対するユーザーニーズを予想し、それを満たせるようになる

・方向性に対してユーザーや社内のステークホルダーから早期のフィードバックが得られる

・ドキュメントだけでなく、サービスを含めた全体のユーザージャーニーに

おけるギャップと不足箇所を明らかにする

・ドキュメント執筆・構成・公開について、他のステークホルダーと調整する

　ドキュメントの計画立案は簡単に見られていますが、実はよく見落とされます。計画を立てる前にドキュメントを書き始めると、ユーザーが解決したい問題を見落としたり、ユーザーにとって重要な情報を見逃したりするのです。計画がなければ、ユーザージャーニー全体を考えるのは難しいでしょう。

　ドキュメントの計画を作るときは、ユーザーにとって適切な情報に集中するために、次の質問へ回答することが役立ちます。CHAPTER 1で実施したユーザー調査によって、ある程度の情報はもう集まっているでしょう。しかし、ドキュメントの計画の冒頭にもう一度書いておくことで、適切な情報に集中でき、ドキュメントをスコープ内にとどめられるようになります。

・対象の読み手は誰か？（すでにユーザーペルソナがあるかも）

・プロダクトのローンチから、ユーザーにいちばん学んでもらいたいことは何か？

・重要度順で考えると、どの機能からリリースされていくか？

・ユーザーはローンチに何を期待しているか？

・ユーザーがプロダクトや機能を使い始める前に必要な事前知識はあるか？

・何のユースケースをサポートしているか？

・ユーザーがつまずきそうな既知の課題や、フリクションはあるか？

　これらの質問に答えることでコンテキストが作られます。そして、コンテキストがあることで、何から作り始めればよいか決められるようになります。コンテンツのアウトライン作成からドキュメントの計画を始めましょう。コンテンツのアウトラインは、これから書いていくページのタイトルとコンテンツのタイプのリストになります。

　コンテンツのアウトラインは、各ドキュメントの簡単な説明のリストになります。Corg.lyのコンテンツアウトラインは**表2.1**のようになります。

表2.1 コンテンツアウトライン

タイトル	コンテンツのタイプ	簡単な説明
Corg.ly スタートガイド	スタートガイド	Corg.lyを使うための非常に簡単なデモと他のドキュメントへのリンク
Corg.ly: 鳴き声翻訳の解説	コンセプト	Corg.ly の仕組みの技術説明
Corg.ly APIを使うための認証方法	ハウツーガイド	Corg.lyのAPIを認証するためのステップバイステップの手順
鳴き声から英語への変換方法	ハウツーガイド	犬の鳴き声から英語へ翻訳するためのステップバイステップの手順
英語から鳴き声への変換方法	ハウツーガイド	英語から犬の鳴き声へ翻訳するためのステップバイステップの手順
Corg.ly API リファレンス	APIリファレンス	APIの呼び出し方法と構文の一覧
音声のトラブルシューティング	トラブル シューティング	音声翻訳と音声ファイルの管理でよくある問題のトラブルシュート方法
リリースノート	変更履歴	Corg.lyのリリースノート

　ドキュメントの計画が一貫したユーザージャーニーとなっているなら、おそらくうまくいっている状態でしょう。もし、計画が迷路のように感じられたり、タスクを完了するため、もしくは問題を解決するためにユーザーに必要なことが不明確に見えたりするならば、いったん前に戻ってドキュメントの計画を作り直しましょう。もっとたくさんのユーザーや内部のステークホルダーにインタビューする必要があるかもしれません。ドキュメントの計画に問題がないのであれば、明確なユーザージャーニーを描く以前に、サービスが複雑すぎて改善が必要であるということを示しているかもしれません。

　書き始める前にドキュメントの計画を他の人に見てもらい、フィードバックをもらってください。レビューに関する詳細は、CHAPTER 4で扱います。

　ドキュメントの計画を作ったら、CHAPTER 3とCHAPTER 4で説明していく、ドキュメントの作成と編集を始められるようになります。また、ユーザー体験全体を高めるために、ドキュメントで追加が必要な項目をリストアップしてもよいでしょう。たとえば、CHAPTER 5で説明するサンプルコードや、CHAPTER 6で説明する図や映像のようなビジュアルコンテンツが含まれます。CHAPTER 7で説明するように、公開に向けたタイムラインとド

キュメントを公開する場所を考えながら、ドキュメントの公開に向けた大ま
かなアウトライン作りから始めてもよいでしょう。

まとめ

　本章では、CHAPTER 1で学習したユーザーへの共感をドキュメントの計
画に落とし込む方法を説明しました。ドキュメントの計画では、実際にドキ
ュメントを書き始める前に作るべきであるコンテンツのタイプとコンテンツ
の概要を作ります。コンテンツのタイプとは、情報を表現するためのそれぞ
れの方法です。コンテンツのタイプごとに、異なる種類の問題を解決します。
コンテンツのタイプには、コードコメント、README、スタートガイド、
コンセプトドキュメント、手順書、リファレンスがあります。それぞれのタ
イプには、固有のパターンがあり、そのパターンを利用してコンテンツを作
ることで、効果的で一貫したドキュメントを作成できるようになります。

　ドキュメントの計画は、ユーザーが必要とするコンテンツの柔軟なアウト
ラインとして機能し、いちばん重要なドキュメントの執筆に集中できるよう
にしてくれます。次の章からは、ドキュメントの計画から実際のドキュメン
トを起こすための方法を見ていきましょう。

PART 2

ドキュメントの
作成

ドキュメントのドラフト

Drafting documentation

最初のドラフト

シャーロットは目の前にある画面を見つめていた。画面上でカーソルがゆっくり点滅している。

（調査は全部終わった。ドキュメントの計画もできた。だから書くのは簡単なはずだよね？）

そう考えながら、シャーロットはドキュメントの計画を見直した。まず、これまでに見つけてきたユースケースやパターンを読んで、つい1週間前に作ったばかりのユーザープロフィールを思い出していった。読み進めるにつれて、シャーロットに自信が湧いてきた。難問も多くあったが、ユーザー調査とドキュメントの計画によって答えはもう出ている。

シャーロットの机の下で丸くなっていたアインは、伸びをしてシャーロットの足のそばで落ち着いた。シャーロットは少し背筋を伸ばして椅子に座りなおし、タイプを始めた。

白紙のページやスクリーンに向き合う

　執筆で最も難しいことは、白紙のドキュメントに向き合うことです。コードに関してはよく分かっているでしょうが、他の人が理解できるように、考えを明確で簡潔な言葉にするのは、精神的にも感情的にも難しいことです。その難しさを認めることが、ドキュメントを書き始める前の最初の手順になります。

　CHAPTER 1・2を読み終えていれば、読み手の定義、既存のコンテンツとコードの調査、ユーザーニーズを満たすドキュメントパターンの選択を終えています。本章では、これまでの作業を統合して、コンテンツを作っていきます。

　本章では最初のドラフトを作り始める方法として、次の内容を説明します。

- 執筆ツールの選択
- ドキュメントの読み手とゴールの定義
- アウトラインの作成
- コンテンツ作成で利用する段落、リスト、コールアウト
- 執筆中の行き詰まりの避け方

執筆成功に向けた準備

　毎日のようにコードを書いているなら、最高の開発環境構築に時間をたくさん費やしてきたでしょう。IDE・カラーテーマ・ツール類・キーバインドなど、快適な環境を見つけるためにはたくさんの実験が必要です。執筆も同じです。適切な環境構築には、実験と経験が必要です。

　「ドキュメントの執筆は、なかなか手が進まないタスクなんだ……」と考えているかもしれません。しかし適切なツールを選び、これまで集めた情報を整理さえできてしまえば、ドキュメントの基礎はもうできたようなものです。

執筆ツールを選ぶ

　執筆ツールを選ぶときに重要な要素が2つあります。1つは最終的なコンテンツのフォーマットであり、もう1つはドラフトの共有のしやすさです。

　ドキュメントはオンラインで公開されるものがほとんどです。最終的な公開フォーマットはMarkdown、HTML、Wikiになるでしょう。テキストエディタの多くはどの形式にも対応しているので、新しいツールセットを学ぶ必要はありません。普段のコーディングで使っているテキストエディタが、ドキュメント執筆にも使えます。

　他の人からのレビューやフィードバックを受けるためには、ドラフトの共有が大事です。ドキュメントの共有とレビューにおいても、コードレビューで使っているものと同じツールが使えます。他の人にコンテンツを共有してフィードバックをもらえるなら、最初のドラフトを文書作成用のアプリケーションで書いたとしても構いません。文書作成用のアプリケーションの多くはプラグインを適用可能であり、テキストから必要な形式のマークアップに変換できます。

　最も手に馴染んでいるツールを使いましょう。執筆用に新規にツールセットを学ぶ必要はありません。コーディングに使うツールはすべて、ドキュメント執筆にも使えます。ツールを一緒に使って進めるのも効果的でしょう。ドラフトのアウトラインを紙とペンで書いたり、ホワイトボードに描いたりするのが好きな人はそこから始めてみてください。

　ただし、ツール選びにこだわりすぎないでください。ほとんどの場合、既存のワークフローで十分うまくいきます！

白紙からの脱却

　これまでの章で、読み手の定義の作成、既存のコンテンツとコードの調査、ニーズを満たすドキュメントパターンを選択してきました。

　これまで集めた情報をドキュメントの冒頭にリストアップするところから、ドキュメントを作成開始できます。

- 読み手
- 目的
- コンテンツパターン

　たとえば、犬の鳴き声の音声ファイルを人の言葉の文字列に翻訳する Corg.ly APIの説明用ドキュメントを作るとします。まず、Corg.ly サービスへのファイルのアップロード方法を説明するドキュメントから作りたくなるでしょう。最初の情報はこんな感じになります。

- 読み手：REST APIの利用方法を知っている、Corg.lyを使う開発者
- 目的：鳴き声解析を提供する Corg.ly サービスへ、音声ファイルをアップロードする方法を説明すること
- コンテンツパターン: 手順書

ドキュメントのタイトルとゴールを定義する

　ドキュメントの「読み手」「目的」「コンテンツパターン」から、ドキュメントのタイトルを決定できます。タイトルはユーザーから見たドキュメントの目的を、いちばん短くかつ明確にいい換えたフレーズにしましょう。

　Corg.ly の例では、ドキュメントの目的は「鳴き声解析を提供する Corg.ly サービスへ、音声ファイルをアップロードする方法を説明すること」でした。読み手向けのタイトルとしては「Corg.ly への音声ファイルのアップロード」と短くできます。

　ドキュメントのタイトルは、ドキュメントを読むことで達成できるゴールを要約したものにすべきです。ドキュメントから得られる内容のタイトルをクリックした全員が、これから得られることを正確に把握できるようになります。他のドキュメントタイトルをいくつか紹介します。

- 犬の鳴き声からテキストへ翻訳する
- 音声ストリーミングから犬の鳴き声を変換する

・音声エンコーディングとサンプリングレート

　「犬の鳴き声からテキストへ翻訳する」というタイトルより、「犬の鳴き声という1つのフォーマットから別のテキストへの変換をする方法を学べるだろう」と読み手は理解します。「このドキュメントではタスク実現に向けて手順がステップバイステップで説明されるのだろう」と読み手は理解します。

　同様に、「音声エンコーディングとサンプリングレート」というタイトルを読めば、「翻訳する」という述語で終わっていないので[20]、「特定のタスクを説明するものではない」と分かります。代わりにそのドキュメントでは、Corg.lyで利用する音声ファイルのエンコーディングとサンプリングレートの技術仕様が説明されます。そのドキュメントは、Corg.lyの音声ファイルの処理・解釈を理解するためのリファレンスになるでしょう。

　各ドキュメントのゴールはタイトルから分かります。ドキュメントのゴールは1つに絞ってください。もし複数のゴールがあるとするなら、複数のドキュメントが必要でしょう。

アウトラインを作る

　タイトルと読み手のゴールが決まったので、次はゴールの到達に必要なすべての手順を考えましょう。まずは、すべての手順を書き出すところから始めます。順番は気にしなくて大丈夫です。

　ゴールが特定の技術的なコンセプトを理解することであるなら、コンセプトを作り上げる要素をすべて書き出しましょう。ゴールが特定のタスクの完了であるなら、読み手が完了すべきサブタスクをすべて書き出しましょう。ユーザー調査で作成したフリクションログがあるなら、見直す良い機会です。

　こういった初期の手順からドキュメントのアウトラインが形作られます。アウトラインを使えば、ドキュメントに対するアプローチをすばやく検証で

20　訳注：原文では start with a verb である。日本語と英語では語順が異なるため、ここでは日本語に合わせている。

きます。アウトラインをドキュメントの擬似コードのようなものだと考えて
ください。文書作成に長い時間をかける前に、他の開発者や潜在的なユーザ
ーとコンテンツについて、アウトラインを使って議論できるようになります。

「Corg.ly への音声ファイルのアップロード」を例に、そのサブタスクを順
不同で紹介します。

・Corg.ly のアプリケーションをインストールする
・UIとAPIを使って Corg.ly へ音声ファイルをアップロードする
・APIで認証する
・アップロードがうまくいったことを検証する

各サブタスクは別のトピックであり、各トピックは詳しい説明への参照先
になっています。どの項目も実際の指示は含んでいませんが、各トピック間
の関連や、順序中で配置すべき場所が分かるでしょう。各トピックに対して、
より詳細なタスクを箇条書きで追加することから始めてもよいですし、現時
点でトピックの順番を並べ替えてもよいでしょう。執筆経験を積み重ねるう
ちに、自分にとって一番やりやすいプロセスが見つかります。

読み手の期待に応える

ドキュメントの「タイトル」「ゴール」「アウトライン」ができたら、次は
「情報の流れ」を考えましょう。タイトルに書いたゴールを読み手が達成す
るために、読み手が知っておくべきこと、やるべきことを考えましょう。こ
れまでの調査を基に、読み手の期待と知識を想像してください。アウトライ
ンに書かれている情報の順番によって、ユーザーの期待とニーズを満たせる
はずです。読み手がもっている知識は書き手のものと異なります。また、プ
ロダクトに対する読み手の経験もそれほど多くないでしょう。正しいタイミ
ングで、正しい情報を読み手に提供できるかどうかは、書き手次第です。こ
れが「情報の流れ」の意味するところです。

初期に書いたアウトラインをレビューしましょう。必要であれば、読み手

がより有益なことに集中できるよう手順を並べ替えてください。タスクを階層でまとめる、複雑すぎるのであればタスクを分割する、同じようなタスクをグループに分けるところからスタートできます。アウトラインのグループ化と並べ替えは、最初に見落としたかもしれない情報に気づくチャンスです。

「Corg.ly への音声ファイルのアップロード」を例に、これまで説明してきた初期のタスクセットを説明すると、次のようになります。手順書中の各ステップは、ユーザーが実行する順番に並んでいます。また、Corg.lyアプリケーションのユーザーインターフェース（UI）を使うものと、Corg.lyのAPIを使うものが別のグループに分けられています。

図3.1 Corg.ly へ音声ファイルをアップロードする手順

タイトル：Corg.ly への音声ファイルのアップロード

アプリケーションを使って音声ファイルをアップロードする場合
- ・アプリケーションをインストールする
- ・UIから音声ファイルをアップロードする
- ・UI上でファイルアップロードが完了したことを確認する

REST APIを使って音声ファイルをアップロードする場合
- ・APIを呼び出す
- ・ファイルをアップロードする
- ・APIを使ってファイルアップロードが完了したことを確認する

アウトラインを完成する

ドキュメントのアウトラインをレビューして、読み手のことを頭に浮かべましょう。自分自身に次の質問を投げかけてみてください。

- ・追記すべき事前情報や設定情報はあるか？
- ・飛ばしている手順や、説明が不完全な手順はないか？
- ・手順は合理的な順で並んでいるか？

Corg.ly へ音声ファイルをアップロードしたい読み手は、アプリケーショ

ンの音声ファイル仕様を知っておく必要があります。REST APIを使うために、その認証方法も知っておく必要があります。また、アップロードが正常に完了したことも確認したくなるでしょう。これらすべての項目をアウトラインに加えましょう。

図3.2 アウトラインに項目を追加する

タイトル：Corg.ly への音声ファイルのアップロード

前提条件
　・ファイルサイズとフォーマットの仕様

アプリケーションを使って音声ファイルをアップロードする場合
　・アプリケーションをダウンロードする
　・アプリケーションをインストールする
　・UIから音声ファイルをアップロードする
　・UI上でファイルアップロードが完了したことを確認する

REST APIを使って音声ファイルをアップロードする場合
　・APIへアクセスする
　・APIを呼び出す
　・ファイルをアップロードする
　・APIを使ってファイルアップロードが完了したことを確認する

ドラフトを書く

　アウトラインに自信がついてきたら、コンテンツのドラフトを書き始めましょう。アウトラインからのドラフト作成は、最初は身構えてしまうかもしれませんが、難しく捉えなくとも大丈夫です。

　ドラフトの狙いはアウトラインに記載したトピックを説明し、読み手に必要な情報を各トピックに肉付けすることです。コンテンツには、「見出し」「パラグラフ」「手順」「リスト」「コールアウト」が使えます。各項目は異なる表現で情報を伝えます。それぞれに利点と欠点があります。

　本書では、サンプルコード・表・図・グラフィック・画像といった視覚的な情報はCHAPTER 5と6で扱います。

見出し

　見出しは道しるべのようなものです。見出しはドキュメント内のコンテンツを整理してくれます。また、ドキュメントの目的地としても機能し、読み手に必要な情報へと正確に、一気にたどり着けるようにしてくれるのです。見出しは、読み手を対象としたコンテンツの整理にも役立ちますが、検索エンジン最適化（SEO: Search Engine Optimization）にも重要です。ドキュメントには、見出しを必ず含めるようにしてください。

　アウトラインにある大まかな手順を見出しにすることで、アウトラインからドキュメントの見出しを作れます。見出しを作るときは、次の点に注意してください。

・できる限り、簡潔・明確・具体的にしてください。読み手が見出しをざっと読めば、ドキュメントの内容を大まかに理解できるようにすべきです。
・最も重要な情報から始めてください。読み手に最も重要な情報をできるだけページの一番上に書きましょう。
・各セクションで重複のない見出しを使ってください。見出しに重複がなければ、読み手が正しいコンテンツを見つけられるようになります。たとえば、「テスト」というセクションが必要なら、テストされる対象を見出しに追記してください。
・一貫性を保ってください。見出しをすべて同じやり方で構成してください。あるタスクを完了させるための手順書であるならば、見出しをすべて動詞で終えてください。大規模なドキュメントの一部を書いているなら、見出しとスタイルを他のドキュメントと合わせてください。

段落

　段落とは、ドキュメントの文脈・目的・詳細を読み手が理解するのに役立つ、複数の文のかたまりです。手順の実行タイミングといった背景情報や、もしくは手順の仕組に関する詳細を提供してくれます。段落には、コンセ

プトをより簡単に理解できるようにするためのストーリーも含められます。また、歴史的な経緯を読み手に提供することもあります。

　ドキュメントに登場するテキストタイプの中で、段落は情報量を最も多く含みますが、読むのに時間がかかり、ざっと読むのも大変です。段落を書くときには、読み手の理解・行動に必要な背景情報を提供してください。しかし、短く保ってください。段落内の文の数は、できる限り5個以下にしましょう。短い段落のほうがモバイル端末で読みやすいのです！

▍手順

　手順とは、読み手が望む結果を得るために、実行する一連の行動です。読み手が実行しているタスクの順序を理解しやすいように、手順には常に番号付きのリストを使うとよいでしょう。読み手が実行内容を理解できるように、手順冒頭で予期されるゴールを説明しておきましょう。手順の最後には、正常に完了できたかを確認する方法を書いておきましょう。これによって、ドキュメントが一種のユニットテストのように機能し、ユーザーが起こす可能性のある複合的なミスを防げます。

　「Corg.lyのUIを使って音声ファイルをアップロードする」を例に取ると、手順は次のようになります。

1　Corg.lyのアプリケーションを開く
2　犬の鳴き声を記録するために「録音」を選択する
3　翻訳用の音声ファイルをアップロードするために「アップロード」を選択する

　手順を書くときは、システムの初期状態を特定しておきましょう。ログインしておく必要がありますか？　ブラウザーとコマンドラインのどちらから入力しますか？　必要な状態に達するために、読み手がすべきことも書いておきましょう。

　1つの手順は、1つの行動を扱うようにしてください。読み手はドキュメ

79

ントと、インターフェースまたはコマンドラインとの間を行き来しているか
もしれません。また、１つの手順で複数の行動を扱うと、読み手が脱落しや
すくなります。

　最後に、手順が正常に完了したことを確認する方法も書いておきましょう。
たとえば、Corg.lyの手順であれば、「アップロード成功時に表示されるメッ
セージを確認すること」のようになるでしょう。

リスト

　関連情報をさっと読みやすい形式にまとめられるものがリストです。リス
トには次のような項目が含まれます。

- サンプルの一覧
- 設定
- 関連トピック

　リストに順序性はありませんが、順序がまったくないわけではありません。
リストを作るときは、読み手に最も役立つ並べ方を考えておきましょう。た
とえば、音声ファイルアップロードの手順で、次の箇条書きのリストを追加
したとします。

図3.3　音声ファイルタイプのサンプル一覧

Corg.lyでは次の音声ファイルタイプがサポートされています。
- MP3
- AAC
- WAV
- M4A
- FLAC

　こういったファイルタイプの一覧では、いちばんよく使われるタイプから
使われないタイプへという順番に並べるとよいでしょう。あるいは、必要な

情報をすぐに見つけられるように、アルファベット順でも構いません。

　リストが長くなればなるほど、流し読みが難しくなります。リストの項目が10個以上になってきたら、小さいリストへの分割を検討してください。リストを分けた場合は、リスト間を見出しや段落で区切りましょう。

▍コールアウト

　ドキュメントを書いているときに、その時点で知るべきちょっとした情報ではあるが、コンテンツの流れにそぐわない情報に気づくことがあります。その情報は、読み手の安全を確保するために、絶対に知っておくべき重要なことかもしれませんし、ドキュメントのある時点で強調しておきたいような有益な関連情報かもしれません。そんなときに、コールアウトを使えます。

　コールアウトの例を、使うべきタイミングとともに次に紹介します。

・**警告**：実行しないでください！危険な状態に陥るかもしれません。個人情報が危機にさらされたり、システムが回復不可能なダメージを受けたり、損失を被ったりするかもしれません。
・**注意**：注意深く進んでください。ある行動によって、予期せぬ結果が起こるかもしれません。
・**ヒント**：関連情報や、今読んでいることに関するヒントです。

　コールアウトはドキュメントの流れを断ち、読み手が回避すべきシナリオの強調に役立ちます。コールアウトの重大性に応じて、色・アイコン・他の目印を使って強調しましょう。コールアウトに読み手が気づいてから、読み手が関連する行動を起こせるようにしてください。

　たとえば、Corg.lyへの音声ファイルのアップロード方法を説明するドキュメントの冒頭に書く、コールアウトの例を示します。

図3.4 注意のコールアウトの例

> ⚠ 注意：飼い主から録音の許諾を得ている犬にのみ Corg.ly を利用してください。犬（と飼い主）に声をかけあぐねている場合は、こちらの記事を読んでください。

　システムアラート爆撃によるアラート疲労を経験したときに感じたように、コールアウトがあまりにも多いと読み手は疲れてしまうかもしれません。読み手が見逃すべきでない重要な情報にのみ、コールアウトを使いましょう。

　CHAPTER 1で作ったフリクションログに立ち戻るのは、読み手に有用なヒントや警告を記載する箇所を知る良い方法です。

流し読みに適した書き方

　技術ドキュメントの読み手には、2つの基本的かつ矛盾する真実があります。

- **読み手は情報を探してドキュメントにたどり着く**
- **読み手は書いてある内容をほとんど読まない**

　オンラインのコンテンツを読んでいるときを思い出してみてください。おそらく、何か探しているものが見つかるまで、複数のページ・複数のセクションを流し読みしていることでしょう。探しているものが見つかったときのみ、そこで止まってじっくり読むのです。見つかるまでは、少しだけ読んで他のページに移る、これを大量に繰り返しているはずです。

　ほとんどの人は同じやり方で読みます。つまり、自分の質問に対する回答が見つかるまで、タイトルと見出しを流し読んでいくのです。実際、読み手が1ページに費やした時間を基に考えると、読まれている単語数は1ページで多くて28%程度です。しかも、これはかなりの速読家の場合です[21]。これ

21　Jakob Nielsen, "F-shaped pattern for reading web content（original study）," Nielsen Norman Group, published Apr 16, 2006, https://www.nngroup.com/articles/f-shaped-pattern-reading-web-content-discovered/.

は、ドキュメントを目で流し読む読み手と、音声や点字でコンテンツを表示するスクリーンリーダーを使う読み手の両方に当てはまります。

Note

研究結果によれば、読み手がコンテンツのページを流し読むときの典型的なパターンは「F」の型になります。ドキュメントの上部にあるタイトルとサブタイトルを横2列の向きで読んでから、ページの下に向かって読んでいきます。読み手はページの内容を一言一句読んでいるわけではありません。

正しい情報の一部を読み手が見つけるために、コンテンツが流し読みしやすくなる方法で書きましょう。流し読みしやすくすることで、読み手は探しているコンテンツをよりすばやく見つけられ、より優れた・より適切なコンテンツにたどり着けるようになります。流し読みしやすく、読み手に役立つコンテンツを作る戦略は多くあります。

最も重要な情報を冒頭で述べる

読み手がドキュメントを流し読みしているならば、せいぜい読まれるのはドキュメントの最初の数段落です。最初の数段落で、読み手の頭にこびりついている問いの「これは自分にとって役立つドキュメントか？」に答えることが大事です。

ドキュメントのゴールを要約して、タイトルに設定しましょう。最初の3段落に重要な情報を載せてください。手順書を書いているのであれば、ドキュメント末尾時点で達成できることを伝えましょう。よりコンセプトに近いものを書いているのであれば、説明しているコンセプトの重要性や、コンセプトを知ることがなぜ読み手に役立つのかという理由を説明しましょう。

大きな文章のかたまりを分割する

長い段落の流し読みは難しいものです。印刷物、または学術論文を多く書

いてきたならば、おそらく長文形式のエッセイの執筆に慣れていることでしょう。残念なことに、読み手の多くは長い文章を見るとページを飛ばしてしまいます。

その代わりに大きな段落を、より小さな見出し・リスト・サンプルコード・グラフィックに分割して、流し読みしやすいようにしましょう。CHAPTER 5と6で文章を分割するためのサンプルコードとビジュアルコンテンツの使い方を説明します。

複数の長文ドキュメントを分割する

すべてのコンテンツを1つのドキュメントにまとめたくなる衝動に駆られるかもしれません。しかし、1つのドキュメントで、読み手ごとに異なるたくさんのゴールを狙うのはやりすぎです。**図3.5**の「Corg.lyへの音声ファイルのアップロード」のアウトラインを例に考えてみましょう。

図3.5 多くの異なるゴールを狙いすぎているアウトラインの例

```
○前提条件
  ・ファイルサイズとフォーマットの仕様
○アプリケーションを使って音声ファイルをアップロードする場合
  ・アプリケーションをダウンロードする
  ・アプリケーションをインストールする
  ・UIから音声ファイルをアップロードする
  ・ファイルアップロードが完了したことを確認する
○REST APIを使って音声ファイルをアップロードする場合
  ・APIへアクセスする
  ・APIを呼び出してファイルをアップロードする
  ・ファイルアップロードが完了したことを確認する
```

アプリケーションを使ってCorg.lyに音声ファイルをアップロードする読み手と、APIを使っている読み手とでは、技術知識レベルとニーズが異なります。**図3.6**にあるように、ドキュメントを2つに分割して、トピックを2つに分けると分かりやすくなります。

図3.6 アウトラインを２つに分割する

アプリケーションを使って音声ファイルをアップロードする場合
- Corg.ly アプリケーションの前提条件
- アプリケーションをダウンロードする
- アプリケーションをインストールする
- UIから音声ファイルをアップロードする

REST APIを使って音声ファイルをアップロードする場合
- Corg.ly APIの前提条件
- APIへアクセスする
- APIを呼び出してファイルをアップロードする

　読み手に着目した分割でうまくいかないならば、別の方法で分割してみましょう。情報の種類で分割できそうでしょうか？　プロダクトの機能ではどうでしょうか？　コンテンツのフォーマットではどうでしょうか？

簡潔さと明確さに向けて努力する

　美しいドキュメントは、短くて簡潔です。

　ドキュメントのドラフトを書いているときに、自分自身に聞いてみてください。「このコンテンツで読み手のニーズを満たせているか？」。プロジェクトの歴史や、システム開発における設計上の配慮といった情報を書きたくなるかもしれませんが、それらは手順書には不適切です。歴史・設計論・解説は別の場所に書いておき、タイトルやフォーマットも適切なものにしましょう。

　どんな書き手でも行き詰まります。執筆は創造的で難しい仕事であるため、ときに継続が難しくなります。行き詰まるのは、執筆が下手だからではないのです！　アウトライン作成の最初の段階だったとしても、ドラフトを完成させる途中のどこかであったとしても、行き詰まるのは執筆プロセスの一部です。

　その行き詰まりの回避方法がいくつかあります。行き詰まっている理由を考えてみましょう。間違いを恐れていますか？　資料に深く取り組む時間が

足りませんか？ 完成プロダクトがまだ不十分ではないか、と心配なのでしょうか？ 行き詰まる理由さえ分かれば、より簡単に解決でき、継続して進めるようになります。

　コンテンツのドラフトを書いていて行き詰まったときに、以降のセクションの戦略が役立ちます。

完璧主義からの脱却

　最初のドラフトが完璧である必要はありません。実際、良いものですらなくても構いません。最初のドラフトのゴールは、読み手に情報のすべてを伝えることであり、公開向けに完璧に磨き上げられたドキュメントを作ることではないのです。（公開向けにドキュメントを磨き上げる方法は、CHAPTER 4を参照してください）

　ですのでリラックスしてください。「コンテンツは完璧であるべき」という考えを捨ててください。文法について心配するのを止めて、考えをページに書き出すことに集中してください。最初のドラフトは判断対象ではありません。

助けを求める

　行き詰まりを回避する最も良い方法の1つは、他の人と問題について話し合うことです。今まで書いたものを誰かに読んでもらうようにお願いして、コンテンツのアウトラインをその人と考えてみましょう。書き手が考えている問題と行き詰まっている箇所について話し合ってみましょう。

　誰かにコンテンツの一部を書いてもらうようにお願いして、その人の肩越しに（画面を共有しているなら仮想的な肩越しに）見ながらレビューすることもできます。同僚にコンテンツのレビューを依頼してもよいでしょう。詳しくはCHAPTER 4を参照してください。

足りないコンテンツを強調する

［TODO］

コードの中に大量のTODOコメントを残してきた経験があるはずです。ド
キュメントでも同じことが起こります。ドキュメントの執筆時に、セクショ
ンを書くために必要な情報がすべて揃っているわけではありません。もしく
は、「必要不可欠な部分が足りない」と気づくことすらあります。

コンテンツにギャップがある、つまり重要な情報がかけていると気づいた
ら、それをメモして、書き上げられると確信している部分の執筆を続けてく
ださい。あとで修正する段階、もしくは書き直す段階になってから、ギャッ
プを埋めればよいのです。

最初からドキュメントを正しく、順番どおりに書こうとしすぎないでくだ
さい。コーディングと同様に、執筆も反復的なプロセスです。知っているこ
とを書いている最中に、何かが足りないことに気づき、それを調べて、新し
く学んだことを書くのです。

順不同で書く

ドキュメントの冒頭から書き始める必要はありません。ときには、序文の
ような読み手が最初に読む部分が、最後に執筆されることもあります。良い
序文には、ドキュメントの主なテーマ、ドキュメントを読むことで得られる
こと、ドキュメントの重要性が説明されています。ドキュメントの本文を構
成する手順やコンセプトの詳細を書き上げるまで、序文に必要なトピックが
常に明確なわけではありません。

手順を最初に書きたくなるときもあるでしょう。たとえば、ある手順を学
んだばかりだとして、自分でその手順を覚えたいような場合です。手順を書
き上げてから、前提条件や想定される結果を追記しても構いません。

最も書きやすいものから書きましょう。言葉を変えたり、必要であれば、
移動したりするのも簡単です。

メディアを変える

　それでも書けない場合は、書いているメディアを変えてみましょう。使っているテキストエディタがよくないなら、別のプログラムに変えるか、コンピューターから完全に離れてみてください。考えを紙に書き起こしてみる、もしくはホワイトボードに考えを描いてみましょう。書くより話すほうが快適と感じるなら、音声文字起こしも選択肢の1つです。

　自分に最も適したものが見つかるまで、いろいろなメディアで実験してみることが大事です。

テンプレートから作る

　同じドキュメントのパターンが表れるような、似ているドキュメントをいくつも書いているなら、テンプレートを作る価値があります。テンプレートによって、一貫したドキュメントを確実に作れるようになり、今後のドキュメント作成が簡単になります。

　テンプレートによって一貫したユーザー体験を実現できます。また、構造ではなくコンテンツに集中できるので、執筆がより簡単になります。

　見出しとコンテンツのプレースホルダー[22]によって関連しているドキュメントのグループのフォーマットに一貫性をもたらす、安定したドキュメントがテンプレートです。たとえば、リリースノートのテンプレートには、新機能、ドキュメントの変更、既知のバグと修正されたバグの表といった定形部があります。たとえ同じテンプレートを利用する個々のドキュメントのコンテンツが違ったとしても、テンプレートによってスタイル・フォーマット・アウトラインに一貫性をもたせられます。

　テンプレートを作るときは、自分が作ったものであれ他の人が作ったものであれ、まず既存のドキュメントを評価するところから始めます。そして、自分のドキュメントと他の似ているドキュメントとで一貫性を保つ必要のあ

22　訳注：実際の情報を入れるために、事前に確保しているスペースのこと。

バグレポート テンプレート

バグのタイトル

発生環境

デバイス、OS、ブラウザー、ソフトウェアのバージョンを含む

再現手順

1.

2.

3.

4.

5.

6.

7.

8.

9.

10.

11.

12.

期待された結果

実際の結果

スクリーンショットや画像

るセクションのアウトラインを作成します。

　たとえば、バグレポートは毎回同じ情報を保持しているため、テンプレートを作ると有用でしょう。

Note

　テンプレートドキュメントの流し読みは簡単です[23]。バグレポートが共通のフォーマットや構造で書かれているならば、バグレポートがいくつかあっても、特定の情報を簡単に探し出せるでしょう。

　すべての種類のドキュメントにテンプレートが必要となるわけではありません。たとえば、内容がユニークなドキュメントや、文脈・ストーリーに焦点を当てたドキュメントのテンプレートを作る価値はおそらくありません。よくあるドキュメントのタイプであればあるほど、役立つテンプレートになります。バグレポートの他によく使われるテンプレートは次のとおりです。

・**類似したアプリケーションが複数ある場合の手順書**
・**APIと統合のためのリファレンス**
・**リリースノート**

　また、テンプレートは用語集やエラーメッセージといった、予測可能な構造を含む小さなドキュメントでも役立ちます。

　オンラインで公開されているテンプレートを借りてきて使いたい場合は、付録を参照してください。

23　"Reading: Skimming or scanning," BBC Teach, accessed September 17, 2021, https://www.bbc.co.uk/teach/skillswise/skimming-and-scanning/zd39f4j.

最初のドラフトを完成させる

　最終的にドラフトが完成します。これまでに、読み手が設定したゴールに達するために必要なすべての情報を書き出してきました。完了したかどうか判断するために、次の質問を自分に問いかけてみてください。

- 大見出しはドキュメントのゴールを要約しているか？
- 複数の見出しによってドキュメントは十分に要約されているか？
- ドラフトは最初から最後まで読み手のニーズに応えているか？
- 情報の流れは読み手にとって理解しやすいものか？
- フリクションログで見つけた課題は解決されているか？
- 何らかのドキュメントパターンやテンプレートに正しく従っているか？
- 全手順が動作することをテストし確かめたか？

　すべての質問に「はい」と答えられたならば、最初のドラフトは完成です。「最初のドラフトの完成」は、コンテンツの公開準備が整ったことを意味するわけではありませんが、執筆における大きなマイルストーンに到達したことを意味します。読み手の成功に向けて、必要な情報をすべて伝えたのです！

まとめ

　使い慣れている快適なツールを選ぶことで、執筆成功に向けて準備をしましょう。コーディングで使っているツールセットは、おそらくドキュメント作成にも有効でしょう。

　まず、「読み手」「目的」「ドキュメントパターン」の定義から始めてください。ドキュメントのゴールはドキュメントのタイトルになります。

　ドキュメントのアウトラインを作り、「見出し」「段落」「リスト」「コールアウト」を使って肉付けしていきましょう。CHAPTER 2で作成した計画の

詳細を埋めていくのです。

　読み手はおそらくドキュメントを流し読みします。そのため、最も重要な情報を最初に書きましょう。また、コンテンツを分割することで、情報を見つけやすくしましょう。

　類似したドキュメントをいくつか作るなら、一貫性のあるドキュメントを作るために、テンプレートを作り活用しましょう。

　最初のドラフトは完璧である必要はありませんし、良いものである必要すらありません。次の章ではコンテンツを編集し、最初のドラフトから公開可能なドキュメントに修正していく方法を説明します。

## CHAPTER 4

ドキュメントの編集

Editing documentation

コンテンツを編集する

　カーティクはコーヒーを一口すすると、シャーロットが書いた Corg.ly の
コンテンツのドラフトに再度目を通し始めた。

　ドラフトに書かれた説明は、彼にとってはとても簡単なものだった。手順
に従って、翻訳をするのに 2 分もかからない。アインと一緒に、見込み顧客
に何度もシステムをデモしてきたからだ。しかし、書かれた説明書を読み終
えて、気づいたことがあった。成功するためとはいえ、いかにユーザーが理
解しなければならないことが多くても、それが当たり前のように自分が感じ
ていたことだ。

　基本的には、Corg.lyのAPIの利用方法を記したドキュメントは、API認証
や解析のための音声ファイルのアップロードといった長い手順のリストであ
る。カーティクはその手順を読み直して、初期顧客であるメイのことを思い
浮かべた。

　カーティクはメイがドキュメントを読んで、思いつきそうなすべての質問
を考えた。「で、結局どの手順が必要ですか？」は、最初にメイがしてくる
質問だろう。次の質問は「どのAPIを使えばいいですか？」、そして最後は
「想定されるエラーを教えてください」になるだろう。

　想像上のメイが発した質問を念頭に置きつつ、カーティクはシャーロット
のドラフトにコメントを書き加えていった。その作業は、普段のコードレビ

ューと本当に変わらないことに気づいた。「ここを詳細化しよう」「ここに追加の見出しを付けよう」「リンクを直そう」「次の手順を追加しよう」といったコメントは、まさにコードレビューそのものだ。「メイに見せる前に、シャーロットにもう一度フィードバックすることになるかな」とカーティクは考えていた。

ユーザーニーズを満たす編集

　執筆という創造活動は、文章のレビューや評価といった分析的な活動ではありません。コンテンツのドラフト作成がアイデアを書き下すことだとすれば、編集はドキュメントを見て、ユーザーニーズに応えているか確認するプロセスです。編集により、文法や読みやすさだけではなく、できるだけ明確に、早く、役立つ方法でユーザーに情報を伝えられるようになります。

　執筆と編集を同時にすると、個別にするよりも遅くなります。ドキュメントを書き始めて、最初の一文に何時間もかけて何度も書き直した経験のある人に聞いてみてください。執筆と編集を分けることで、作るプロセスと評価するプロセスを分けられるようになります。これにより、そもそも執筆時とは異なる客観的かつ批判的な視点から、これまで書いてきたものを見直せるようになります。

　ドキュメントの編集は、コードの検証、テスト、レビューと似ています。開発時には、コードがそもそも動くか、期待どおりに動いているか、他のコードに影響して何か問題を起こしていないか、というようにさまざまな観点からコードを検証する必要があります。リンターによる検査を完璧に通っていたとしてもコードにバグがあるように、文法が完璧なドキュメントであってもユーザーに役立たないものもあります[24]。

　コードレビューと同じで、編集は協働的なプロセスです。誰かにコンテン

ツを共有して、書き手の仮説を検証し、フィードバックを受け取るのです。はじめは無力感を感じるかもしれませんが、最も学びが起こる場所でもあります。受け取ったフィードバックを取り入れるにつれて、ドキュメントにある問題に対するより洗練された対処方法が分かるようになり、より効果的に執筆できるようになります。

本章では、ドキュメントの編集プロセスとして次の内容を説明します。

・いろいろな編集方法を理解する
・標準化された編集プロセスを作る
・フィードバックを受け入れ、取り入れる

いろいろな編集方法

編集時には、改善したいドキュメントの要素の1つに集中するのが有効です。たとえば、「ドキュメントに書かれている技術情報はすべて正確か？」や「ドキュメントの構成はこれでよいか？」といったようにです。良いドキュメントにしたいからといってすべての要素に一度に集中しようとすると、扱う対象が多すぎて、進行が遅くなります。編集プロセスを一連の複数の周回に分解して、1つの周回で1つの編集観点に絞ったほうが、より編集が早くなります。

コンテンツを編集するときに集中すべき要素は、ユーザーと彼らのニーズによって異なります。しかし、開発者向けのドキュメントのほとんどに対しては、次の観点で編集を周回するとよいでしょう。

・**技術的な正確さ**
・**完全性**
・**構成**
・**明確さと簡潔さ**

上記の順番で編集することで、開発者が最もよく知っている技術的な正確

さから始め、徐々にユーザーが求めているものに進んでいけます（良いドキュメントはユーザーニーズを解決しています）。

これらの各観点で編集をするときは、あたかも初見であるかのように、ドキュメントを読みましょう。対象のプロダクトや技術をよく知っていると、慣れ親しんだ内容について憶測を生みやすく、新しい読み手にとっての重要な入門情報を軽く扱ってしまいます。編集プロセスは、そのギャップを埋めて、ユーザーが成功するために必要な情報を追加する良い機会なのです。

技術的な正確さに対する編集

技術的な正確さを求める編集とはつまり、コンテンツの正しさを求める編集です。この編集作業では、次の質問に答えられるようにするとよいでしょう。

・指示どおりに作業すれば、ドキュメント内で約束した通りの結果が得られるか？
・技術的な専門用語、もしくは混乱しやすい用語はあるか？
・コードの関数、パラメータ、エンドポイントは正しく命名され、説明されているか？

ドキュメント内で手順が1つずつ説明されているならば、自分でドキュメントの指示どおりに実行してみて、うまくいくかを検証しましょう。複数のOSや、複数の開発環境をサポートしているならば、その環境で動作するかも検証しましょう。手順中に制約条件があれば明記してください。CHAPTER 1で説明したフリクションログを作っているならば、そこで見つけた回避策や課題をドキュメントに書き忘れていないか確認しましょう。

技術的なコンセプトを説明するドキュメントでは、ユーザーに必要なレベルで説明できているか確かめましょう。用語の定義に不一致があるなら、意味が一貫するように修正しましょう。たとえば、ドキュメントの編集中に「暗号化」と「ハッシュ化」が同じ意味で使われていることをみつけたら、

どちらが正しいのか明確にしましょう。修正方針によっては、他の開発者のレビューや同意が必要になることもあります。

また、技術的な正確さの確認は、ユーザーに警告すべき障害、データ損失、損傷の主要因があるかどうかを確認するタイミングにもなります。致命的な障害、もしくは予期せぬ障害を起こす可能性のある問題は、警告のコールアウトを使います。

▎完全性に対する編集

完全性を求める編集では、ユーザーの成功に必要な情報がすべて含まれていることを確認します。コンテンツにギャップがないか、あとで書くためにドラフトに残してあった「TODO」や「TBD」[25] が残っていないか確認するときでもあります。

完全性を求めて編集するときは、ユーザーと彼らのソフトウェア利用方法を考慮してください。もし、書き手がLinux上で開発していて、ユーザーがMac上で開発していたとしても、ドキュメントの指示は有効ですか？　ソフトウェアのサポート対象内ではあるが、ユーザーが最新バージョンを使っていなかったとしたらどうでしょうか？　予期せぬエラーが出ませんか？

同様に、情報の有効期限が分かっているなら、制約事項として明確に書いておきましょう。たとえば、税金の入力フォームに対する指示であれば、「この説明は2021年の課税年度にのみ有効です」と書いておくとよいでしょう。ソフトウェアの特定のバージョンを対象とするドキュメントならば、バージョンによる制約事項も確実に明記しておきましょう。

完全性に対する編集をするならば、新しい読み手を巻き込みましょう。説明と指示とのギャップを、書き手よりも早く見つけることがたくさんあります。誰かが初めてドキュメントに沿って進めている状況を見れば、何が想定どおりで、何が欠けているかが分かるでしょう。新しい読み手のフリクションログは、書き手のフリクションログの確認に役立つでしょう。もしくは、

25　訳注：To Be Determined の略語。あとで決める予定という意味。

フリクションの他の要因を明確にすることで、深みを追加できるかもしれません。フリクションログに関する詳しい情報はCHAPTER 1を参照ください。

　完全性は、読み手にすべての情報を伝えることとは異なります。情報が足りなさ過ぎるときと同様に、情報が多すぎると読み手が離脱しやすくなります。完全性によって、ドキュメントを必要とする読み手に十分な量のドキュメントがあることと、読み手が探し求めるものを見つけられないほどのドキュメントを提供していないことを確認するのです。

構成に対する編集

　ドキュメントを開いて最初に読まれるのは、タイトル・見出し・目次です。これらの最初の言葉がドキュメントの中で最も重要な部分であり、読み手の望む情報への経路を示す道しるべを提供しています。構成への編集作業は、これらの道しるべが正しいかどうか、またドキュメントが何について書かれ、トピックがどのように分解されているかが明確になっていることを確認しましょう。

　構成に対する編集では、次の質問に答えることになります。

・タイトルと見出しから、何について書かれたドキュメントか明確になっているか？
・ドキュメントは一貫性のある、論理的な方法で構成されているか？
・他のドキュメントに置くべきセクションはないか？
・テンプレートが存在するならば、テンプレートに従って書かれているか？

Note

　CHAPTER 2ではよくあるフォーマットの計画と、その必要性を説明しました。構成に対する編集は、ドキュメントの計画どおりに進んでいるか確認する良い機会です。

ドキュメントに対して、一貫した予測しやすい構成を適用することは、読み手が適切な部分にたどり着きやすくなることを意味します。たとえば、レシピのWebサイトを考えてみましょう。ある読み手はレシピの歴史に興味があるかもしれませんが、別の読み手は調理方法に一目散にたどり着きたいと考えているかもしれません。この例では記事中の「歴史」に関する部分と「レシピ」に関する部分の道しるべを明確にしておくことで、さまざまな読み手のグループが必要なものをすばやく見つけられるような予測しやすい構成にできます。

　ドキュメント内の道しるべに加えて、読み手がコンテンツを読む前後にすべきことを示しているかどうか確認しましょう。必要な情報を見つけるために大多数の読み手が検索を利用します。もし読み手が他のページを読まずに今のページにやってきたとしたら、ドキュメントを理解するために必要なスキル・知識があるでしょうか？

　前提となる手順があれば明記してください。たとえば、「この手順を完了するためには、管理者権限が必要です」や「APIの設定が完了していることを前提とします」といった条件です。

　同様に、よくある次のステップ、もしくはドキュメントを読み終えたあとに必要になるかもしれない追加情報があるならば、それらのリンクをリストアップしておきましょう。道しるべがあれば、旅路における現在地を読み手が把握できます。

明確さと簡潔さに対する編集

　明確さと簡潔さに対する編集では、一文と段落が簡単に理解できるかどうか、1行ずつレビューしていくことになります。不自然な表現は書き換え、重複情報を削除し、不要な言葉を取り除いてください。明確さと簡潔さに対する編集は、ドキュメントに対するリファクタリング[26]と考えましょう。

　この段階での編集には、言語・文法訂正・語調・簡潔さといった古典的な

26　訳注：外部の振る舞いを変えずに、内部の構造を改善すること。

編集要素がすべて含まれます。スペルチェックや文法チェックのツールがこの作業の一部を行うことができますが、ドキュメント全体を見直すことが必要です。ドキュメントの各セクションを読むときに、次の質問を自分に投げかけてみてください。

・できるだけ明確になっているか？
・一貫して使われていない用語で、訂正が必要な用語はあるか？
・削除してもよい、不要な単語や表現はあるか？
・読み手が戸惑うような熟語・比喩・スラングはあるか？
・避けるべき偏った言葉は使われていないか？

　コンテンツはできる限り短くし、要点を絞りましょう。おそらく編集中に、大量のコンテンツを削除している自分に気づくでしょう。それは良いことです！　ドキュメントをすべて読まなくても、正しい情報にすばやくたどり着けることを意味するからです。

Column

公開されているスタイルガイド

　公開されているスタイルガイドを使うことで、言語や文法を標準化でき、プロダクトや機能名といった組織特有のスタイルの決定に集中できるようになります。一般に広く使われている開発者向けスタイルガイドは、付録を参照ください。

編集プロセスを作る

　自分の書いたものすべてに対して、自分一人ですべての観点で編集してもよいのですが……やがて疲れ果ててしまいます。さらに、書いたドキュメントを自分ですぐにレビューすると、ある程度の日を置いてから新鮮な気持ちでレビューするときほど、効果的になりません。うまく編集するために必要

な時間と作業の両方を考慮すると、他の人と編集負荷を共有できる編集プロセスを作ることがベストです。編集プロセスによって、一連の共通手順とレビューの基準が作られます。

編集プロセスの作成は、コードレビュープロセスの作成と似ており、その利点も似ています。編集プロセスにより、ドキュメントの編集にかかる時間が短くなり、他の人の新鮮な目線を通じた、客観的なフィードバックが得られるようになります。また、レビュワー同士で知識を共有でき、チーム内でのドキュメント間の基準の確立にも役立ちます。

典型的な編集プロセスを**図 4-1**に示します。

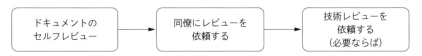

図4.1 編集プロセスの流れ

ドキュメントを最初にレビューする

どんなレビュープロセスでも最初のステップは、自分自身による編集です。映像上の自分を見るのがつらかったり、録音した自分の声を聴くのがつらかったりするのと同じように、自分で書いたものを自分で読むことは、感情的につらいでしょう。個人の視点は固有のものですが、それを読み手がどう捉えるかの視点に移行するためには、共感と実践が必要です。

自分自身によるコンテンツレビューを簡単にするやり方の1つは、編集用チェックリストを利用することです。編集用チェックリストがあると脱線せずに済み、完璧な文を作ろうとして行き詰まることなく、重要な部分をレビューできるようになります。チェックリストは次のようになるでしょう。

・タイトルが短くて具体的である
・見出しは論理的に並べられており、一貫性がある
・ドキュメントの目的が最初の段落で説明されている

・手順はテストされていて動作する

・技術的なコンセプトが説明されている、もしくはリンクされている

・テンプレートの構成に従っている

・リンクがすべて有効である

・誤字脱字・文法チェックツールが実行されている

・グラフィックや画像が明確で有用である

・前提条件や次のステップが定義されている

　書いているものに応じて、書き手のニーズを満たすようにチェックリストのちょっとした修正が必要になるかもしれません。加えて、おそらく編集に費やす時間を制限したくなるでしょう。次のステップであるピアレビュー（同僚によるレビュー）に進まずに、細部の修正に没頭しやすいからです。

ピアレビューを依頼する

　ドキュメントに対するピアレビューは、コードに対するコードレビューと似ています。誰かにコンテンツをレビューしてもらうよう依頼して、読み手にとって有用で適切かどうか確認してもらいます。本章の冒頭で、シャーロットに対してカーティクが実施していた行動がまさにピアレビューです。

　自分のドキュメントをレビューしているときに、不安になったり不快に感じたりするのと同様に、レビュワーもどんな種類のレビューが期待されているか分からないと不快に感じることがあります。明確な依頼は有益なフィードバックを得やすくなるため、レビュワーに求めているフィードバックの種類を伝えましょう。構成をレビューしてほしいのか？　技術面なのか？　明確さと簡潔さを見てほしいのか？　といったようにです。

　レビューで具体的なフィードバックを依頼するのに加えて、フィードバックの受け取り方を明確にしておくことも重要です。紙にマークしてもらう、インラインコメントで書いてもらう、共有ドキュメントにあるサイドバーのメモに書いてもらうといった方法の中で、どれがよいでしょうか？　ピアレビューのゴールはフリクションを減らすことです。だから、レビュワーが効

率よくコメントでき、書き手はフィードバックを簡単に取り入れられるようにしましょう。

　ドキュメントのレビューには、コードレビューに使うシステムと同じものが使えます。ドキュメントのピアレビューを依頼するときにも、コードレビューと同様のループが使えます。既存のコードレビューシステムを使えば、レビュワーが新しく学び・採用するツール数を最小化しつつ、ドキュメントを改善できます。

　最初のドラフトのレビューでは、カーティクからシャーロットへのドキュメントレビューの依頼と同じように、ドキュメントの手順やプロダクトに詳しいチームメンバーにレビュワーをお願いしたくなるでしょう。公開が近づくにつれて、これまで書いてきた内容を理解してもらえるか、適切で的を射たものになっているか確認するために、より対象の読み手に近い人からの追加レビューがほしくなるでしょう。

テクニカルレビューを依頼する

　完璧な世界に生きているなら、ドキュメントに書いてある技術のあらゆる側面を完全に理解しているはずです。現実では、書き手の技術的な理解を他の人に確認する必要があります。そこで登場するのがテクニカルレビューです。

　テクニカルレビューとは、あるトピックの技術的な専門家に詳細を確認してもらったり、追記してもらったりするようなピアレビューの1種です。2つかそれ以上の技術を組み合わせるドキュメントを書いているときに、テクニカルレビューは特に重要です。1つの技術の専門家だったとしても、他の技術の専門家でない場合があるためです。

　Corg.lyで、シャーロットとカーティクがしていた作業を例に取りましょう。彼らは犬の鳴き声を翻訳するソフトウェアに関する技術をすべて理解しているかもしれません。しかし、犬の鳴き声を翻訳する首輪を作る方法については詳しくないでしょう。Corg.lyのAPIに接続するハードウェアのドキュメントを書き始めるならば、その分野の技術エキスパートからの多くの支援が必要になります。

ある分野を自分ひとりで調査して学ぶよりも、的を絞った具体的なテクニカルレビューをその分野のエキスパートに依頼したほうが早く済みます。特に、依頼することで読み手の理解が容易な、しっかりしたドキュメントを作れるのであれば、助けを求めることは恥ずべきことではありません。

フィードバックをもらって取り入れる

レビューを依頼してフィードバックをもらうと、なぐり書き、プルリクエスト、修正方法が書かれたメモの山ができるでしょう。さて、次に何をしたらいいでしょうか?

初めに深呼吸しましょう。執筆内容に対するフィードバックは、個人に向けられたものと感じられるかもしれません。レビューはコンテンツの改善を目的としたものであって、書き手を個人として非難するものではないことを覚えておいてください。ドキュメントのゴールは、知識を読み手に効果的に伝えることです。つまるところレビューは、よりゴールに近づけるように、読み手を助けようとする書き手を助けているのです。

Note

別のグループに移ってみると、自分で考えるより確実に上達していることに気づきますよ!

次に、レビューコメントを1つずつ見ていきましょう。最も多くのフィードバックを送ってくれた人から始めると、あとに続くレビューのフィードバックを先取りして対応することになるでしょう。1つの項目に対するすべてのフィードバックを同時に取り入れようとすると、矛盾しているアドバイスを解決することになり、編集から脱線しやすく進捗も滞りがちです。

そこで、受け取ったフィードバックを1つずつ検討しましょう。しかし、1つずつといっても、必ずしもすべてのフィードバックを受け入れる必要はありません。レビュワーが善意でフィードバックしてくれたとしても、その提案がすべて有効または必要とは限りません。フィードバックを受け入れよ

うが受け入れまいが、レビュワーが助けてくれたことに、感謝することが重要です。同様に、フィードバックをすぐに拒否してはいけません。大事なのは、レビュワーの懸念点を理解するためにすべてのフィードバックをレビューすることと、ドキュメントの品質を最大化することです。

矛盾しているフィードバックを受け取ったら、何が最もユーザーの役に立つか考えてみましょう。あるレビュワーからは「技術的な詳細をもっと書いたほうがよい」と提案を受ける一方で、他のレビュワーからは「もっと詳細を減らしたほうがよい」と提案されたならば、次のように考えてみてください。「ユーザーがこのドキュメントを通じて知るべきことは何だろうか？」。

必要な変更をすべて取り入れたら、変更箇所に追加のフィードバックをもらうため、およびレビュワーの期待どおりに修正できているか確認してもらうために、2回目のレビューを依頼します。変更に対する再レビューは、プルリクエストへの追加のコミットに対するレビューと同様です。

良いフィードバックをする

レビュワーから良いフィードバックを期待するのであれば、良いフィードバックの与え方を知っておくことが重要です。建設的な考え方でレビューに臨んだときこそ、ピアレビューが最もうまく機能します。誰かの間違いを直そうとしているわけではなく、相手の理解を深めるものです。

アニメーションスタジオであるピクサーの作品に対するレビューや批評の方法を考えてみましょう。ピクサーでは、創造的もしくは技術的な作品に対するフィードバックは「プラッシング（plussing）」と呼ばれる次の方法に従わなければなりません[27]。

---

27 Erin 'Folleto' Casali, "Pixar's plussing technique of giving feedback," Intense Minimalism, published June 24, 2015, https://intenseminimalism.com/2015/pixars-plussing-technique-of-giving-feedback/.

建設的な追加提案ができるならば、アイデアを批判してよい。

フィードバックの提供方法としてブラッシングを使うときは、人ではなくアイデアに集中しましょう。たとえば、「あなたはここで間違ってますね」ではなくて「この部分が不明確だと思います」のようにまずは伝えます。

批判に続けて、改善につながる具体的な提案をしましょう。建設的な提案によって、問題解決につながる追加のコンテキストを提供できるようになります。この「追加」こそが、ピクサーのシステムが「ブラッシング」と呼ばれている理由です。ドキュメント作成では、よく分からない文やうまく定義できていないコンセプトを書き直す具体的な方法の提案が役立ちます。建設的な提案が具体的であればあるほど、良いフィードバックになります。結果的に、ユーザーにとってより有益となります。

多くの建設的フィードバックをする場合は、提案に対する検討時間を確保してください。人がフィードバックを受けて、評価して、取り入れるには時間がかかります。特にレビュワーが複数人いる場合は、即時レスポンスを期待してはいけません。

要するに、良いフィードバックを提供するために、次を実施してください。

・人ではなくアイデアに集中する
・建設的な提案を続ける
・フィードバックに反応するための時間を確保する

フィードバックに関してもう1つ注意点があります。気に入った部分を伝えてもよいのです。たとえば、深い技術的なコンセプトをうまく説明できているなら、きちんと伝えて褒める価値があります。さらに、素晴らしい文章を取り上げることで、他の人が真似できるようになります。

最後に、受け取って嬉しいと思うフィードバックをしましょう。フィードバックを与え、受け取り、そこから学ぶことについて、ノーム・カースはアジャイル基本方針の中で次のように述べています[28]。

その時々の状況やその時点で知っていること、スキルや能力、利用できるリソースによって、誰もができる限りの仕事をしたことを、何を発見しようと私たちは心から信じている。

まとめ

　ドキュメントの編集は、コードのテストとリファクタリングと同じようなものです。その重要性も同様です。

　複数の観点からドキュメントを編集することで、複雑性を減らしてより焦点を絞り込めるようになります。観点には、技術的な正確さ・完全性・構成・簡潔さと明確さがあります。

　ピアレビューは、うまく書くための学習と、仕事内容を同僚に教えるための重要な活動になります。

　フィードバックを受け取ったら、フィードバックの項目を1つずつ検討して、コンテンツに取り入れる内容を決めましょう。各フィードバックをすべて受け入れる必要はありませんが、一考の余地はあります。

　フィードバックを与えるときは、プラッシングのルールに従いましょう。つまり、建設的な提案をできるときのみ、アイデアを批判するのです。

　気に入ったこともフィードバックしましょう！

　次の章では、サンプルコードのドキュメントへの組み込み方法を説明します。

28　Norm Kerth, Project Retrospectives: A Handbook for Team Review (New York: Dorset House: 2001), Chap. 1, Kindle.

サンプルコードの
組み込み

Integrating code samples

動き方を見せる

　シャーロットは自分のドラフトとカーティクからのフィードバックに目を通した。修正内容の大部分は、誤字脱字や文章のちょっとした修正で済む簡単なものだった。残りのカーティクのコメントは次の2つに分類できる。

・どうやったらもっとうまく説明できるか？
・実際にはどのようなものになるか？

　Corg.ly のユーザーはプロダクトが実際に動くところを見たがっている。シャーロットは、チームが行った初期の調査を通じて、ユーザーの要望を理解していた。チームのロードマップにプロダクトのデモは含まれている。しかし、サンプルコードがあれば、はるかに少ない言葉でCorg.lyの実際の動作を理解できるようになる。Corg.lyとの統合を実装する開発者にとってAPIは基本的なものだ。リファレンスドキュメントはサンプルのリクエストとレスポンスを見せるのに最適な場所だった。

　そんなことを考えながら、シャーロットはドラフトの一番上までスクロールして、サンプルコードが役立ちそうな場所をマークし始めた。

サンプルコードの利用

コードはもう一つの言語なので、その他の言語による文章を通じてコミュニケーションを試みても、不十分なことが多くある。開発者はコードを見れば、読んでそのまま理解できる[29]。

—— トム・ジョンソン, 「I'd Rather Be Writing」

効果的な開発者ドキュメントの中で、極めて重要な要素がサンプルコードです。文章とコードは別の言語であり、読み手が最終的に気にするのはコードなのです[30]。どれだけ明確で美しい言葉を並べたとしても、読み手が使い始めるためには、もしくはある機能の使い方をデモするためには、よく練られているサンプルコードにかなうものはありません。良いサンプルコードは、コードに対する説明以上に多くを語ります。一方で、読み手の開発の基にできる、便利な枠組みを提供してくれます。

Twilioのドキュメントチームの調査結果から、開発者はプロダクトを利用してあるタスクの達成を試みるとき、特にサンプルコードが載っているページを探し出して、そのページをより重要だと考えることが分かりました。さらに、開発者は導入向けの文章をざっと読み飛ばす一方で、ドキュメントに埋め込まれているコードを探しているのです[31]。この本を読んでいるあなたも同じかもしれません！

サンプルコードが読み手が探し求める黄金であるとするなら、サンプルコードは具体的で、有益で、保守可能である必要があります。本章では次の内容を扱います。

---

29 Tom Johnson, "Code Samples," I'd Rather Be Writing, accessed June 26, 2021, https://idratherbewriting.com/learnapidoc/docapis_codesamples_bestpractices.html.

30 "Creating Great Sample Code," Google Technical Writing One, accessed on June 15, 2021, https://developers.google.com/tech-writing/two/sample-code.

31 Jarod Reyes, "How Twilio writes documentation," Signal 2016, YouTube, accessed June 26, 2021, www.youtube.com/watch?v=hTMuAPaKMI4.

- サンプルコードの種類
- 良いサンプルの原則
- 有益なサンプルコードの設計
- ソースコードからのサンプル自動生成

サンプルコードの種類

　一般にドキュメントには2種類のサンプルコードがあります。1つは実行可能なもので、もう1つは説明用のものです。

　実行可能なコードとは、読み手がコピーアンドペーストして、おそらく自分用に改変して、実行できるコードです。たとえば、**リスト5.1**で記載されるCorg.lyのAPIのリクエストは、鳴き声の情報を取得します。なお、本章のサンプルコードでは、Corg.lyチームがMarkdown形式でドキュメントを書いていると想定しています[32]。

リスト5.1　サンプルのAPIリクエスト

```shell
リクエスト例：
```shell
$ curl 'https://corgly.example.com/api/v1/bark/1' -i
```
```

　実行可能なコードと異なり、説明用のコードは、実行できることは期待されていません。説明用のコードは多くの場合、読み手がそこから学んだり、自分のコードと比較したりするためのコードブロックや出力結果です。読み手は、説明用のサンプルコード（特に出力結果）と、自分の環境で表示されるコードが一致していることを期待します。また、出力結果やエラーコードをコピーアンドペーストして検索窓に入力することで、明確で適切な結果が

32　We've used example.com as the Corg.ly domain in line with RFC 676, which permits the use of example.com for documentation, https://tools.ietf.org/html/rfc6761.

得られることを読み手は期待しています。

APIドキュメントのレスポンス例を考えてみてください。(**リスト5.2**)

リスト5.2 APIレスポンスのサンプル

```
レスポンス例:
```
{
    "id": 1,
    "name": "woof",
    "created": "2021-02-22T14:56:29.000Z",
    "updated": "2021-02-29T17:56:28.000Z",
    "tags": [
      "happy",
      "anxious",
      "hungry"
    ]
}
```
```

良いサンプルコードの原則

良いドキュメントと同様に、読み手はサンプルコードがそのまま動くことを期待しています。ドキュメントを流し読みして、サンプルコードを見つけて、説明されているコンセプトをざっと理解して、可能であればコードをコピーアンドペーストして使いたいのです。また、コードは常に最新化されていて、本番環境で使えることを読み手は期待しています。

これらの期待に応えるために、すなわち何かが「そのまま動く」ようにするためにはかなりの努力が必要であり、念頭に置いておくべき原則がいくつかあります。良いサンプルコードは次の原則を満たしているべきです。

- **説明されていること**：ドキュメントの本文内であろうとコードコメントの中であろうと、必要な場所で背景と説明を加えるために、サンプルコードのそばに説明文が表示されている
- **簡潔であること**：読み手が必要とする、過不足ない量の情報が提供されている
- **明確であること**：（読み手が期待する）言語慣習に従ってサンプルコードが書かれている

また実行可能なコードは次の原則を満たすべきです。

- **利用可能（であり拡張可能）であること**：サンプルの使い方と、読み手自身のデータを入力すべき場所が明確である
- **信頼できること**：ペースト可能であり、動作し、余計なことを実行しない

説明されていること

サンプルに付属する説明は、サンプルそのものと同じぐらい重要です[33]。どんなに優れたサンプルコードであっても、読み手に背景を伝えるためには、執筆スキルが必要になります。

あるライブラリのインストールや環境変数の設定といった、コードを動かすために必要な前提条件はすべてドキュメントで説明されていなければいけません。たとえば、プログラミング言語の特定バージョンでしかサンプルコードが動かないならば、コードに対する制約としてそのことを書いておきましょう。

読み手がコードを読む、または実行するときにそのコードのもたらすものが分かるよう、サンプルコードに明確な説明を付けておきましょう。具体的には、コードが実行している内容を書くのではなく、その必要性を説明して

---

33 Seyed Mehdi Nasehi, "What makes a good code sample? A study of programming Q&A in Stack Overflow," 2013 IEEE International Conference on Software Maintenance, 2012.

ください。たとえば、本当に有用なサンプルコードは、変わった命名則や特定のメソッドといった、そのソフトウェアに特有な内容を説明しています。

　指示や説明の行のあとに、すぐにサンプルコードが続くなら「：」で終わらせましょう。（**リスト5.3**）

Corg.lyのAPIから受け取るレスポンスは、次にようになります：

リスト5.3　サンプルコードの前に指示や説明がある場合に、行をコロンで終わらせる

```
{
    "id": 1,
    "name": "woof",
    "created": "2021-02-22T14:56:29.000Z",
    "updated": "2021-02-29T17:56:28.000Z",
    "tags" : [
      "happy",
      "anxious",
      "hungry"
    ]
}
```

　入力用のサンプルを提供するならば、入力の説明もしくはユーザーが見ることになる成功時の出力結果を続けて書いておきましょう。

　APIドキュメントを書いているならば、サンプルにあるリクエストとパラメータによるレスポンスと、読み手が同じパラメータを使って受け取るレスポンスとを正確に一致させてください。（**リスト5.4**）

　アウトプットと正確に一致させるサンプルリクエスト

HTTPメソッド と URL:

```shell
$ curl 'https://corgly.example.com/api/v1/translate' -i -X POST \
 -H 'Content-Type: application/json' \
 -d ' {"query": "woof woof arf woof"} '
```

Response:

```http request
HTTP/1.1 200 OK
Content-Length: 456
Content-Type: application/json
{
    "meta": {
        "total": 5
    } ,
    "data": [
        {
            "translation": "It's so good to see you!",
            "confidence": 0.99
        } ,
        {
            "translation": "Play with me!",
            "confidence": 0.90
        } ,
        {
            "translation": "I am ready for my walk, please",
            "confidence": 0.76
        } ,
        {
```

```
            "translation": "I am hungry",
            "confidence": 0.60
        },
        {
            "translation": "I need a nap",
            "confidence": 0.51
        }
    ]
}
```
```

　ユーザーが出会う可能性のある、よくあるエラーも書いておきましょう。実際の出力結果とサンプルとを確実に一致させてください。

　より複雑な、もしくは長いサンプルについては、実行可能なコード内にインラインコメントを含めることを検討してください。大きなサンプルを分割するためにコメントを使う場合は、短く、要点を絞ってください。コードの背後にある意図を説明するためにコメントを使い、コードを初めて読む人が気づかない「理由」を説明するのです。

　執筆中に「説明文が長いな」と気づいたら、コードを簡潔にすることでより良い例とならないか検討しましょう。できるなら、より簡潔な例となるようにコードをリファクタリングしてください。リファクタリングできないなら、特定のユースケースではコードベースとの複雑なやり取りが必要になり、混乱の元になりかねないことをそのプロダクトのエンジニアに話して知らせておきましょう。


## ▌簡潔であること

　サンプルコードを簡潔にすることは、単にコードを短くするという意味ではありません。ユーザーのタスク完了に必要な情報を過不足なく伝え、他の余計なことはしないという意味です。余計なものを追加せずに強調したい特

115
```

定のユースケースに絞ったサンプルにしてください。その時点で、ドキュメントで説明している機能のみをサンプルで見せるとよいでしょう。

　無関係なコードや過度に複雑な例があると、読み手は混乱してコードの意図の理解が困難になります。また、コピーアンドペーストしてから、自分が使えるようにコードを修正することも難しくなります。

リスト5.5　80文字で改行して、分割を省略記号で表す

```http request
Response:
```http request
HTTP/1.1 200 OK
Content-Length: 456
Content-Type: application/json
{
    "meta": {
        "total": 5
    },
    "data": [
        {
            "translation": "It's so good to see you!",
            "confidence": 0.99
        },
...
        {
            "translation": "I need a nap",
            "confidence": 0.51
        }
    ]
}
```

```

サンプルコードの長さは、初期設定のスクリーン幅に収まるような短さに保ちましょう。水平方向へのスクロールバーはかっこ悪いです！

小さなサンプルより大きなサンプルのほうが読み手に役立つこともありますが、読み解きにくくなることもあります。大きなかたまりを分割して読みやすくしましょう。（**リスト5.5**）

・一定の文字数で改行してください（Google スタイルガイドの推奨は80文字です）
・省略記号（…）を利用して、全体が表示されていないことを明示しましょう

明確であること

良いサンプルを作るためには、コードをリファクタリングする必要があるかもしれません。ソフトウェアのドキュメントを書いている最中に、変更をリリースするために書いたコードの断片や、あらゆる種類の簡便な実装をみつけるかもしれません。書き手にとっては便利かもしれませんが、読み手にとっては混乱の元になりえます。

各サンプルに対する要求を考えて、それに沿って編集しましょう。たとえば次のように編集します。

・読み手がコードを理解できるように、**説明用のクラス名、メソッド名、変数名を使う**
・読み手が混乱しないように、**解読が難しいプログラミングテクニック、不要な複雑さ、深くネストされたコードを避ける**
・必要でなければ、かつ読み手が同じエイリアスを使っていると確信できなければ、**ドキュメントに入り込んでいるエイリアスをすべて取り除く**

加えて、プログラミング言語やプロジェクトにおける既存のコードスタイルや慣習に従いましょう。大規模なオープンソースプロジェクトでは、プログラミング言語の多くと同じように独自のスタイルや慣習が作られています。既存のスタイルガイドに従うことで、読み手の認知コストを減らせます。結果として明確で読みやすく、一貫したサンプルになり、最終的にベストプラクティスに従ったコードを読み手も使えるようになります。

利用可能（であり拡張可能）であること

　よく練られたサンプルコードの喜びの一部は、読み手がコピーアンドペーストによって節約できた時間の量になります。しかし、サンプルコードを実行するために、データの一部を書き換える必要がよく出てきます。大事なのは、いつサンプルデータを書き換えればよいか、何のデータと置き換えればよいかの両方を読み手が分かるようになることです。

　開発チームにとっては大きな意味があっても、読み手にとっては意味をもたないようなよく分からない用語や、foo、bar、頭字語の利用は避けましょう。foo や bar といった単語は、経験が豊富な開発者にとっては、当たり前の単語かもしれません。しかし、伝統的なコンピューターサイエンスの教育を受けていない開発者が、この業界にますます参入してきています。過去ではなく、未来に目を向けて書いたほうがよいでしょう。

　置換用のデータを説明するために一貫したスタイルで、説明用文字列を設定してください。たとえば、your_password や replace_with_actual_bark のような文字列を使いましょう。（**リスト5.6**）

信頼できること

　簡潔で、明確で、有用なサンプルによって一貫性が保証され、読み手との信頼が構築されます。間違っている、もしくは壊れているサンプルが1つあるだけで、ドキュメントに対する、ひいてはソフトウェアに対する読み手の信頼が失われます。たとえば、読み手が実際に遭遇したものとサンプルコー

> **リスト5.6** 読み手自身のデータとの置換する箇所を示す説明用の文字列
>
> ```shell
> # 更新箇所・置換箇所を分かりやすく示した説明用コードコメント
> $ curl 'https://corgly.example.com/api/v1/translate' -i -X POST \
>   -H 'Content-Type: application/json' \
>   -d ' {"query": "replace_with_actual_bark"} '
> ```

ドが一致していないことによって、ユーザーによる問題の解析と修正がかなり難しくなります。

　読み手が自信をもってサンプルコードを使えるように、可能であれば本番環境でも使えるコードを使いましょう。将来変更される可能性のある機能だと読み手が気づけるように、アルファ版やベータ版の機能には明確な印を付けておいてください。

　信頼できるサンプルであることを確実にするために、定期的にサンプルコードをテストし、レビューしましょう。本章の後半のセクションでテストに対するアドバイスを紹介します。CHAPTER 11では、サンプルコードの定期的なレビューを含む、ドキュメント全体の保守方法をさらに説明します。

サンプルコードの設計

　サンプルコードの設計では、読み手に見せるものだけでなく、含める内容の選択も同じぐらい重要です。

言語の選択

　サンプルコードをどの言語で書けばよいか、という疑問で考え込んでしまうことがあります。ユーザーが主に1つのプログラミング言語で仕事をしているのであれば答えは簡単です。ユーザーが主に使っているプログラミング

言語でサンプルコードを提供すればよいでしょう。

　ユーザーが複数のプログラミング言語を使っているならば、サンプルコードをどの言語で提供するか、対応言語をいくつ提供するか悩むことでしょう。一般的にいえば、読み手に馴染みがあって、最も使われそうな言語を1つ選んで、サンプルを提供しましょう。たとえば、APIをサポートしている、人気のあるクライアントライブラリがある言語を選んでください。APIドキュメントでは、curlによるサンプルの提供を検討してください。curlであれば、読み手自身が選択した言語でサンプルを作れるようになります。

　時間とツールがあれば、サンプルコードを複数の言語で提供できるでしょう。しかし、複数の言語でサンプルコードを提供すると、ドキュメントの保守コストが増えることに気をつけてください。

さまざまな複雑さの強調

　ドキュメントを読みに来る人の、ソフトウェア利用における快適さや自信のレベルは異なります。ドキュメントではさまざまな複雑さのサンプルコードを提供することで、快適さ・理解度合いに幅がある読み手をサポートするとよいでしょう。サンプルコードに幅があれば、最も役立つ、複雑さのレベルを選んで読み進められます。

　完全な初心者に対しては、使い始めるための簡単なサンプルが最も有益です。「hello world」のような典型的な、小さくて短いチュートリアルを思い浮かべてみてください。hello world のチュートリアルはすぐに完了でき、読み手による追加の入力をほとんど必要とせず、起きていることやその理由の説明に多くの背景情報を提供してくれます。

　ソフトウェアに習熟している読み手に対しては、初心者向けのサンプルの後に、より複雑な例が必要になるでしょう。たとえば、ソフトウェアのコアコンセプトを理解している読み手に対して、あるユースケースに特化したサンプルコードを提供するような例です。例を作るときは、1つのページに載せるユースケースを1つに絞りましょう。入門者向けのドキュメントと、熟練者向けのドキュメントの混同を避けるようにしてください！

コードの表現

サンプルコードには良い表現が必要です。

サンプルコードは読み手が探し求めるものであるため、ページからコードが視覚的に飛び出すような書式とスタイルを選びましょう。サンプルコードがドキュメントの他の部分と視覚的に区別できるように、四角で囲んだり、異なるフォントや背景色を使ったりできます。

サンプルコードに含まれる文章もまた、コードのような見た目にするとよいでしょう。サンプル行の文字数を80文字に絞り、サンプルコードの書式に固定幅のフォントを使いましょう。たとえば、Markdownではバッククォート（`）を使い、HTMLでは適した要素を使ってください。

適切に表現されたサンプルコードへと整形や表示をするために、ドキュメント作成ツールの多くには、プリセットスタイルが用意されています。たとえば、ドキュメントのプラットフォームによっては、言語ごとに異なるタブを使ってサンプルコードを表示できるようになっています。

サンプルコードのためのツール

ツールに関するすべてのアドバイスと同様に、ツールには個人差があります。ワークフローに最も適したツールを決めるのは書き手次第ですが、サンプルコードであればツールを3つのタイプに分類できます。

・**テスト**
・**サンドボックス**
・**自動生成**

Note

ツールは常に変化し続けるため、本章ではコードサンプルを自動生成し扱えるようにする具体的なツールへの言及を意図的に避けています。

ツールセット選びにのめり込む前に、少し立ち止まってください。すべての自動化やツール選択と同様に、結果を価値あるものにするために時間とエネルギーを投資するタイミングを抑えておくことがコツです。自動化は書き手にとっては、望ましいものに映るかもしれません。しかし、自動化それ自体によって、使いやすさや保守の問題が解決されるわけではありません。自動化をする前に、執筆、編集、情報アーキテクチャ、ユーザー調査、プロダクトそのものに時間とエネルギーを投資するよりも、自動化によってより役立つ結果を得られるかどうかを検討してください。

サンプルコードのテスト

　サンプルコード、特に実行可能なサンプルコードは読み手の本番環境で使われる可能性があるため、必ず動作する必要があります。サンプルコードをドキュメントに追加する前に、サンプルコードのテストに役立つ利用可能なパッケージが多くあります。また、サンプルコード自体をGitHubや別のソースコードリポジトリに保存しておいて、そこでサンプルコードをテストすることもできます。サンプルコードがテストを通過したら、ドキュメントにそれを埋め込めるようになります。

コードのサンドボックス化

　サンドボックス内でコード提供することで、安全にコードで遊べる機会を読み手に提供できます。他のタイプのサンプルコードと異なり、サンドボックスによって読み手が自分で実装する前からサンプルに取り組めるようになります。読み手が本番環境でコードを使う前に、ソフトウェアに対する読み手の大きな信頼の獲得にサンドボックスが役立ちます。

　サンドボックスを適切に作るためには、かなりの時間と労力が必要になります。何らかの点で特定のリスクがある、もしくは慎重な扱いを要するソフトウェアであり、サンドボックスを保守する時間と余裕を確実に確保できるのであれば、サンドボックスに投資する価値があるかもしれません。また、

サンプルコードを読み手が動かすために多くのカスタマイズが必要な場合に、サンドボックスは驚くほど役立ちます。

ほとんどの場合で、サンドボックスは過剰であり、サンプルコードのテストカバレッジに投資する、もしくはソースコードからのサンプル自動生成に投資するほうが、読み手のニーズを満たせるでしょう。

サンプルコードの自動生成

ソースコードから直接、サンプルコードを自動生成することは驚くほど役立つことがあります。ドキュメントとサンプルコードが密結合していることで、保守がより簡単になり、書き手と読み手の双方にとってより良い体験をもたらすことが多くあります。

たとえば、OpenAPI仕様や類似のツールの力を借りて自動生成されたAPIのレスポンスやエラーコードのような出力コードは、理想的にはAPIに対するいかなる変更があっても、サンプルコードに自動的に反映されていることを意味します。しかし、どんなツールを使ったとしても、自動生成されたサンプルコードには人力による入力とレビューが必要になります。コードの背後に隠れる意図を読み手が理解するためには、文脈が必要です。少なくとも、コードコメントが読みやすくなるように、人力の入力によりコメントを書き直すことが多くあります。

まとめ

文章による説明に加えて、サンプルコードを活用しましょう。逆もまた然りで、サンプルコードには、コードだけでなく説明文を加えましょう。サンプルは次のようにしてください。

・**説明されていること**：サンプルが何であるかではなく、背後にある理由を説明すること
・**簡潔なこと**：最小の再現可能な例を目指すこと

- **明確であること**：既存の慣習やスタイルガイドに頼ること
- **拡張可能であること**：読み手のコードの修正が必要な箇所と修正方法を明確にすること
- **信頼できること**：一貫性を保つこと。テスト、テスト、そしてまたテストすること

　サンプルコード向けのツールの選択は、テスト、サンドボックス化、自動生成をどうするかに依存しています。ただし、自動化する前によく考えておきましょう！

　ここまでで、ドキュメントにサンプルコードを追加できるようになりました。次の章では同様に、ビジュアルコンテンツを追加する方法について説明します。

## CHAPTER 6

ビジュアルコンテンツ の追加

Adding visual content

百聞は一見にしかず

シャーロットはカーティクがドラフトに残したコメントを眺めていた。誤字脱字や、段落の組み換えのように簡単に直せるコメントもある。でも明らかに、残りはそれなりの仕事だ。

その中でも、Corg.ly のアーキテクチャの概要に対して書かれたコメントの 1 つに目が止まった。

「犬の鳴き声から翻訳サービスまでのデータフローと、翻訳サービスからユーザーのWebアプリケーションまでのデータフローに対する説明が分かりにくいかもしれない。何か追記したり、他の方法に変えたりして、もっとうまく説明できないかな？」

彼女はセクションを 1 行 1 行読み直していった。しばらくドラフトを書いてから時間が経っていたこともあって、カーティクの指摘をすんなり理解できた。情報は足りている。でも、ユーザーのほとんどが苦労しそうだ…。

彼女はドキュメントの計画を立てたときにまとめていたユーザー調査を見直した。調査によれば、時間が十分にあるユーザーは 1 人もいない。そしてCorg.lyを実際に組み込めるかどうか、すばやく知りたがっている。そのためには、言葉だけじゃ足りない。Corg.lyの機能をユーザーのプロダクトに組み込むのは簡単なんだ。これをすばやく説明する方法が必要だ。そうだ、たぶん図を作り始めるとき……

言葉だけでは足りないとき

　あなたの脳が、この文を読んでいます。そして、この文。文章をかたまりとして消化していると思っているかもしれませんが、実際はこの文にある言葉一つひとつを形として脳が処理し、これらの形をコンセプトと考えに結びつけているのです。全体を理解するために、人は部分ごとに言葉を理解します[34]。早く読めているように見えても、驚くほど非効率的なプロセスなのです。

　こんなフレーズを耳にしたことがあるかもしれません。「1枚の絵は1000の言葉ほどに雄弁だ（a picture is worth a thousand words）」[35]。1000単語を読むのに、どれぐらいの時間がかかるでしょうか？　13ミリ秒よりかかりますか？　人間の脳は、画像であればその13ミリ秒で処理できます。たとえ新しい画像にすぐに目を向けたとしても、実際に画像を見た時間よりも長く、脳は最初に見た画像を処理し続けようとします[36]。

　1枚の画像は、文章と比べて少ない認知処理で、複数のことがらを関連づけることを助けてくれ、文章よりもはるかにすばやく対象の理解を深められます。また、画像が添えられていたほうが、情報をよく覚えていられます。耳から情報を得ると、思い出せるのは全体のおよそ10%でしょう。しかし、画像が一緒にあれば、65%を思い出せるようになります[37]。

　効果的なビジュアルコンテンツは、ドキュメントカテゴリの中では、ハイリスク・ハイリターンに分類されます。本章では次の内容を扱います。

・ビジュアルコンテンツを使うリスクと利点の評価

34　Denis G.Pelli, Bart Farell, Deborah C.Moore, "The remarkable inefficiency of word recognition," Nature（June: 2003), 423, 752-756.

35　訳注：日本語のことわざでいえば、百聞は一見にしかずに相当。

36　Potter M.C, Wyble B., Hagmann C.E, McCourt E.S, "Detecting meaning in RSVP at 13 ms per picture," Attention, Perception and Psychophysics（December 2013).

37　John Medina, Brain rules: 12 principles for surviving and thriving at work, home and school（Seattle: Pear Press, 2008).

126

なぜビジュアルコンテンツの作成は難しいのか

　ドキュメントと同様に、最も効果的なビジュアルコンテンツというのは、読み手が意識せずに見られるものです。考えるために止まったり、もしくは何かを理解していっているという事実に気づいたりする必要はまったくありません。ビジュアルコンテンツが機能していると情報がすばやく伝わるので、読み手はタスクを一掃できます。統計家であり、データビジュアライゼーションの開拓者であり、ビジュアルコンテンツの総合的な専門家でもあるエドワード・タフトは次のようにいっています。「最小のスペースで、最小のインクで、最短の時間で、読み手にアイデアを最も多く与えてくれるものこそが最高のグラフィックです[38]」

　画像と文章に対する脳の処理プロセスを知ることは、タイポグラフィの選択にいたるまで、より良いコンテンツの作成に役立ちます。脳にとって、装飾の少ない書体のほうが処理が簡単です。なぜなら、サンセリフフォントの文字のように、構成する曲線や字画を認識しやすいからです[39]。「UPPER CASE TEXT LIKE THIS」は高さとサイズが同じであるため、読みにくくなります。変化があるから、理解しやすくなるのです。

　CHAPTER 3では、段落、箇条書き、番号付きの手順のようないろいろな表現の活用が、文章の壁の分割にどのように役立つか説明してきました。ビジュアルコンテンツは、ドキュメントに変化と大きな効果をもたらすもう1つの方法です。ある研究によれば、イラストを含む指示に従った読み手は、イラストを含まない指示に従った読み手に比べ、323%良い成績で指示を完了できました[40]。

38　Edward R.Tufte, The visual display of quantitative information（2001, 2nd ed.）.

39　訳注：日本語における、ゴシック体と明朝体の関係が、英語ではサンセリフ体とセリフ体の関係となる。サンセリフ体は縦線と横線の太さがほぼ同じフォントである。

40　W.Howard Levie and Richard Lentz, "Effects of text illustrations: A review of research," Educational Technology Research and Development, 30, 195-232（1982）.

しかし、ビジュアルコンテンツはあくまで補助であって、ドキュメントの代替ではありません。ビジュアルコンテンツの目的は、理解を促進することであり、それ以外は邪魔なのです。「1ピクセルにいたるまでの全画素が、直接コンテンツの内容を表しているべきです」と、エドワード・タフトはいっています[41]。

しかし、大量の矢印、ラベル、レイヤーが含まれるアーキテクチャ図を見たことがあれば、ビジュアルコンテンツは役立つというより、すぐに混乱を引き起こすものになると分かっているでしょう。ビジュアルコンテンツは主観的になりやすいのです。有益な図やグラフィックを作る要素なら分かっていると私たちは考えがちです。しかし、最も役立つビジュアルコンテンツは、読み手にとって最も役立つものです。CHAPTER 1のユーザー調査から、読み手の必要とするものと、作り手が好むものは異なることが多いと分かっています。

効果的ではないビジュアルコンテンツは、情報の伝達を妨げます。これは通常、次の点が欠けているためです。

・**理解容易性**
・**アクセシビリティ**
・**パフォーマンス**

スクリーンショット、イラスト、グラフ、映像、インフォグラフィック、図、写真のうち、どれを見ているかが重要というわけではありません。すべてのビジュアルコンテンツとそれを含むドキュメントは、前述の3点によって、ときに無益となります。

理解容易性

ニールセンノーマングループの視線追跡の研究から、情報に関連している画像を読み手がより注視することが分かっています。どんなに美しいデザイ

41　Edward R Tufte, The art of data visualisation, PBS film, 2013.

ンであっても、他の画像は無視されることも分かっています[42]。

> **Note**
>
> 高い学習効果を得るための方法は個々人によって異なると教えられてきたかもしれません。たとえば、人によっては文字よりも視覚情報からのほうが学びやすい、といったようにです。しかし、これは誤りであると証明されています[43]。うまくデザインされたビジュアル情報は、読み手のほぼすべてに役立ちます。

　読み手の理解のために、美しさが重要な役割を果たさない、といっているわけではありません。実際、真実はその反対です。見た目の悪さによって、読み手はコンテンツへの興味を失うことがあります。「コンテンツに含まれている情報に反応するのと同じぐらい、デザインや一部の見た目に人は反応します」と、「ビューティフルビジュアライゼーション」の共著者であるジュリー・スティールは言っています[44]。

　矢印が交差している、ラベルが不足している、もしくは抽象化のレイヤーが異なっている、といったごちゃごちゃしている図は邪魔です。なぜならば、単に図のせいで読み手が単に混乱するだけでなく、興味も失ってしまうためです。

アクセシビリティ

　明確で、有益なビジュアルコンテンツを多くの人が求めています。しかし、効果のないビジュアルコンテンツがあると、アクセシビリティを必要とする読み手がさらに排除されてしまいます。スクリーンリーダーの利用者は、代

42　Jakob Nielsen, "Photos as Web Content," Nielsen Norman Group, accessed June 26, 2021, www.nngroup.com/articles/photos-as-web-content/.

43　Calhoun, Ragowsky and Tallal, "Matching learning style to instructional method: Effects on comprehension," Journal of Educational Psychology, Vol. 107 (2015).

44　Julie Steele, The art of data visualisation, PBS film, 2013.

替テキスト（alt text）が追記されていなければ、画像を「読めない」のです。画像同士のコントラストが不十分であれば、色覚障害の読み手は画像の要素を区別できないでしょう。どれだけ善意があったとしても、文章でごちゃごちゃしている図はビジュアルコンテンツが効果的であるはずの識字障害の読み手にとっては、役立ちません[45]。

> **Note**
>
> 英国人口の10%は識字障害です。米国人口の5-15%が識字障害と推定されています。

パフォーマンス

ビジュアルコンテンツのデザインに気を取られがちですが、画像や映像の提供方法について考えていないクリエイターがたくさんいます。ドキュメントを読む人すべてが、最高スペックのマシンや高速なインターネット接続を使えるわけではありません。

印刷時には大きな画像が必要ですが、オンラインでの読み込み速度に影響します。ズーム機能やスクリーン拡大鏡を利用する人向けに画像を十分に大きく鮮明にすることは重要ですが、そもそも読み込めない人が出てくるほどに、画像サイズを大きくする必要はありません。

さて、ここまでで避けるべきことが分かりました。ここまでの学びを活用し、価値があり、理解可能であり、アクセシビリティがあり、パフォーマンスの高いコンテンツをどうしたら作れるでしょうか？

スクリーンショットの利用

特にユーザーインターフェース（UI）を見てもらいたい場合に、ドキュ

45　David Roberts, "The power of images in teaching dyslexic students," Loughborough University, accessed June 26, 2021, https://blog.lboro.ac.uk/ sbe/2017/06/30/teaching-dyslexic-students/.

メントにスクリーンショットを追加すると有用になることがあります。「スクリーンショットが読み手に役立ちそうだな」と考え始めたら、次のようにしてください。

- 文章中からの参照もしくは説明と一緒に表示されること
- 説明や関連する文章の近くで表示されること
- きれいで散らかっていないこと、すなわちUI以外をスクリーンショットに含めないこと
- 読み手が正しい画面にいると安心できるように、十分な背景情報とともにUIの関連部分がすべて含まれていること
- 大きすぎないこと、画像のすべての部分が読み込める必要があるため
- 小さすぎないこと、スクリーンショットと読み手が体験しているUIとを、読み手が関連付けできる必要があるため

　スクリーンショットに注釈を付けて、画像の一部に読み手に注目してもらうと有用になることがあります。ブロックや矢印によって、イメージの一部を強調できます。他の部分をグレーアウトすることで、目立たないようにすることもできます。

　スクリーンショットを含む画像に、オプションとして代替テキストを付与できる alt 属性に馴染みがあるかもしれません。ページ上で発見可能な文章はすべて、スクリーンリーダーで読み上げられます。代替テキストを書くことは、スクリーンリーダーからコンテンツによりアクセスしやすくなる方法の１つです。

　さらに良い方法は、画像が表している内容の詳細すべてを本文中で説明することです。代替テキストを空白にすると、スクリーンリーダーはそれを無視します。代わりに、画像がさもなかったときのように、コンテンツの説明を追加しておきましょう。たとえば、「メニューの上部にある小さな歯車の画像」ではなくて、「メニューの上部に小さな歯車があります」というように書くのです。文字に起こすのが難しいと思ったら、声に出して画像を説明してみてください。誰かに説明するとしたら、どうやって話しますか？

　最後に、IPアドレスやサンプルコードのような、読み手に必要になるかもしれない重要な情報の唯一の情報源として、スクリーンショットを決して使わないでください。そういったサンプルやテキストは、読み手が使うためにコピーされることが多くありますが、スクリーンショットを使うとそれが不可能になります。

代表的な図の種類

　言葉のみに頼らずに複雑なことを伝えるために、効果的な方法が図です。特に、プロセスをビジュアル化するときに役立ちます。

　次のように、ドキュメントで特に役立つプロセス図のタイプがいくつかあります。

・ボックスと矢印
・フローチャート
・スイムレーン

ボックスと矢印

　ボックスと矢印の図を使うと、1つのアイテムから次のアイテムへの流れを描けます。この図がよく使われるのには、それ相応の理由があります。うまく使えれば、ボックスと矢印の図によって、文章単体では説明が難しいエンティティ間のデータの流れや関係を分かりやすく描けます。

　まずは、表現したい関連とエンティティを書き出すところから始めてみま

しょう。たとえば次のように書きます。

データベース ➤ API ➤ フロントエンド ➤ ユーザー

各アイテムと、説明したい関連や流れを意味する図形と線を選んでください。他と区別できる図形やデザインを利用して、各エンティティが一貫して表現されるようにしてください。たとえば、異なる複数のアプリケーションを表すために四角のボックスのみを利用します。（**図6.1**）

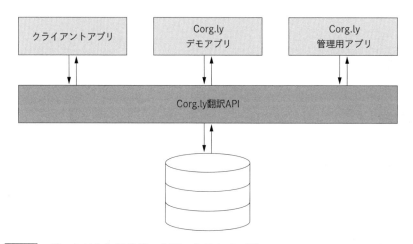

図6.1 ボックスと矢印を使ったアーキテクチャ図

最もすっきりした図を目指しましょう。線や矢印が交差しないようにしてください。片方向または双方向の流れを接続線が表しているのか、もしくは依存関係のような別の関連を表しているのか、分かるようにしてください。自信がないなら、要素や接続線にラベルを付けたり、各要素が表していることが明確に定義されるように凡例を付けたりしてください。

図6.2では、角丸四角とラベルによって、どの要素がマイクロサービスになっているか、読み手が理解できるようになっています。

CHAPTER
6

ビジュアルコンテンツの追加

133

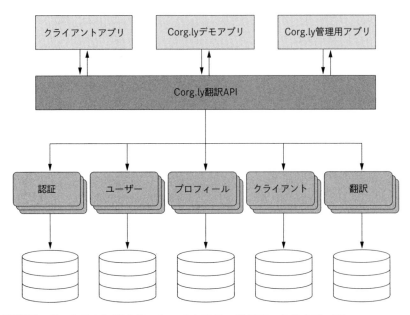

図6.2 ボックスと矢印を使ったマイクロサービスアーキテクチャ図

フローチャート

　フローチャートは最初から最後までユーザーをガイドできるものです。特にプロセスをドキュメントにする場合に役立ちます。

　完全なプロセスが含まれたドラフトをこれまでに書いていない場合は、まずそれを書き出してください。結果を得るために考えうる手順や指示を、すべて考え出してください。含める必要のある選択肢の数を抑えておくことで、必要となるスペースが分かるようになります。

　他のタイプの図と同様に、一貫性が重要です。フローチャートでは、行動の種類を表すために同じ形を多用します（**図6.3**）。たとえば、四角形はプロセスを意味しており、ひし形は分岐点を意味します。図形中の文字列は、大きくて明確なフォントを利用して、読みやすくなければいけません。

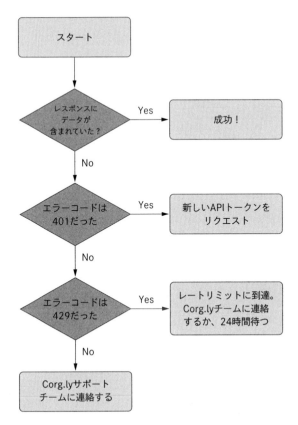

図6.3 フローチャート

スイムレーン

複数のコントリビューターもしくはアクターがいる状況を表すときに、スイムレーンが特に役立ちます。フローチャートとよく似ており、プロセスを最初から最後まで表現できます。それぞれのアクターやコントリビューターには独自のレーンがあり、プロセスの各ステップは複数あるレーンの1つで発生します。そうすることで、誰が、もしくは何が各ステップで責務をおっているか、一目で分かりやすくなります。

水平レーンもしくは垂直のレーンを単独で使う、もしくは両方を組み合わせて使うこともできます。**図6.4**では、各レーンがフロー内の別の「アクタ

ー」になっています。それぞれのステージで、誰が何をしているか分かるようになっています。

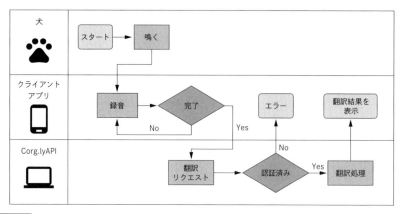

図6.4 スイムレーン

　フローチャートに対して行ったときと同様に、プロセスの形とフローに同じ一貫性をもたせてください。すべての接続線は、スイムレーンそのものと明確に区別できるようにしておき、水平もしくは垂直のスイムレーンには分かりやすくラベル付けしておきましょう。

図の描画

　どんな種類の図を選んだとしても、その目的は単純化です。漫画の作者はこのスキルを磨いています。『マンガ学―マンガによるマンガのためのマンガ理論（原題：Understanding Comics: The Invisible Art）』（美術出版社、1998）の中で、スコット・マクラウドは「漫画によって伝わる情報量は少ない、という誤解」を考察しています[46]。代わりに、「不要な詳細を取り除くことで、漫画の真意が増幅されている」とマクラウドは主張しています。優れ

46　Scott McCloud, Understanding Comics: The Invisible Art（New York: William Morrow Paperbacks, 1994）.「マンガ学―マンガによるマンガのためのマンガ理論、美術出版社」

た芸術作品や図があること
で、ユーザーは理解しやすく
なります。マクラウドのアド
バイスのように「増幅するた
めに単純化する」ためには、
図は常にユーザーをターゲッ
トにし続けてください。読み
手とそのタスクについて知っ
ていることを思い出しましょ
う。

　1枚の図につき、アイデア
を1つだけ描きましょう。た
とえば、システム内の抽象レ
ベルを1つ、プロセスのフロ
ーを1つ、ロジックの特定の
部分を1つ表示してくださ
い。**図6.5**と**図6.6**は同じプ
ロセスを表現しています。2
つ目の図では、読み手には不
要かもしれない詳細で埋め尽
くされています。

　情報の分割によって物事を

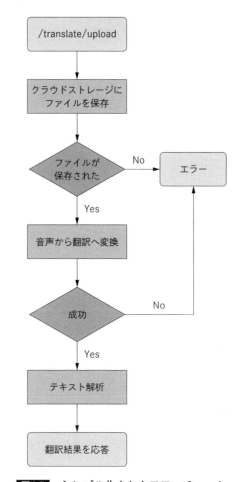

図6.5 シンプル化されたフローチャート

シンプルに保つために、複数の図を使っても構いません。システムやプロセ
スを読み手が順番に理解する方法を考えてください。特に新しくプロダクト
を使う読み手や、この領域に初めて足を踏み入れる読み手にとっては、コン
セプトドキュメントに概要図を追加しておくと役立つことがあります。ある
マイクロサービス間のデータの流れを詳細に説明している図は、リファレン
スドキュメントにとってより有用でしょう。情報のかたまりやレイヤーへの
分割は、デザインの的を絞り続け、読み手の学習状況に応じて適切なレベル
の情報を提供することに役立ちます。

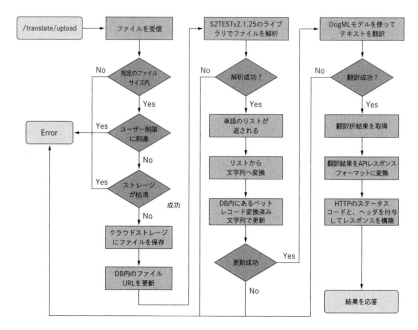

図6.6 複雑すぎるフローチャート

紙から始める

　ドキュメントと同様に、効果的な図の作成は良い計画から始まります。簡単な図を描くために、ホワイトボードや紙とペンを用意しましょう。広いスペースを必要とする要素がたくさんあるなら、付箋を使って要素とプロセスを表現してみましょう。物理的にスケッチしてみたり付箋を動かしたりすることで、要素をまとめやすくなり、(多くは面倒な) ツールの作業に入る前に、デザインの試作品をいくつか作る機会が得られます。

　これは初歩的なユーザーテストに便利です。スケッチや付箋を誰かに見せてみて、自分の理解とあっていたか確認してみてください。エンティティや関連は明確でしょうか？　プロセスは論理的でしょうか？

読み始める箇所を見つける

どこから図を読み始めてほしいか考えてみてください。読み始める場所を分かりやすくし、ユーザーの読むパターンを考慮してください。たとえば、欧米人であれば左から右に、上から下へ読み進める傾向があるため、図の左上が欧米人の目が最初にいく場所なのです。

ラベルを利用する

どれだけきれいな図形や接続線であったとしても、ラベルによってさらに分かりやすくできます。良いラベルには、ときに不思議なほどに用心が必要です！ラベルは小さな文字を避けて、読みやすく理解できるものでなければなりません。どんなにスペースの節約に頭字語を使いたくなったとしても、読み手は書き手ほど慣れ親しんでいないかもしれません。もし自信がないのであれば、略さずに書いてください。

色に一貫性をもたせる

データベースを表すために色を付けるなら、図中の他の場所でマイクロサービスを示すためにその色を使わないでください。読み手の中には、色を見分けづらい色覚特性をもつ人もいることを念頭に置きましょう。色だけで意味を伝えるのは避けて、代わりにラベルをうまく使いましょう。

> **Note**
>
> 色が付いた背景の上でテキストがどれぐらい読めるかどうか心配なら、オンラインのコントラストチェッカーを使い、少なくとも4.5対1のコントラストがあることをすべての色で確認してください。

図を配置する

図の配置も同様に重要です。指示や説明の近くに、その文章の説明に役立つ図が表示されるようにしてください。図を単独で決して使ってはいけないこと、画像が表れるコンテキストにあった代替テキストを書くことを覚えておいてください。

図を公開する

SVG（Scalable Vector Graphic）フォーマットで画像を公開してください。他のフォーマットが利用できたとしても、SVGの画像は拡大縮小に優れているため、どの画面サイズであってもアクセスして拡大縮小できます。

外部のリソースを活用する

作図は難しいです。幸いなことに、優れた図の作成に役立つ専門家や基準があります。

ソフトウェアの世界では、アーキテクチャを作図するときにサイモン・ブラウンの C4 モデルが特に便利です。C4モデルを使えば、抽象化レベルを標準化された方法でビジュアライズできます。ブラウンによる、『Software Architecture for Developers: Volume 2 - Visualise, document and explore your software architecture』では、C4モデルが広範囲で扱われています[47]。

Webコンテンツアクセシビリティガイドライン（WCAG）では、誰しもがWebコンテンツを使えるようにするための幅広いアドバイスが提供されています[48]。フロントエンドの開発・設計と同様に、WCAGは図にも役立ちます。デザインに関する追加情報の一覧については、付録を参照ください。

47　More information on the C4 model is available at c4model.com.

48　Web Content Accessibility Guidelines are available at www.w3.org/WAI/.

映像コンテンツの作成

　「映像コンテンツを使えば、ソフトウェアドキュメントのどんな問題でも解決できる」という人に注意してください。良い映像コンテンツは、効果的なソフトウェアドキュメントの一部にはなりえないと言っているわけではありません。しかし、成功への道のりを歩むには、更新されなくなったYouTubeチャンネルや、1998年に最後に役立った機能の解説映像の山を踏み分けていかねばなりません。

　映像コンテンツは、新しい概念の導入時に効果的です。マーケターは、プロダクトや機能の概要を短時間に詰め込める映像コンテンツが大好きです。しかし、テクニカルライターの多くは、映像に慎重です。映像コンテンツの作成は難しく、保守コストも高く、映像がユーザーに与える価値の証明に苦労するライターがたくさんいます。自分のドキュメントの読み手を想像してみてください。映像によりプロダクト概要を説明することで、本当に読み手の利益になりますか？　うまく書かれたドキュメントと何枚かの画像によって、同様の概要をもっとすばやく、安く提供できませんか？

　映像制作に時間とお金を使うと決めたのであれば、専門家を見つけてください。映像コンテンツをうまく作るのは本当に、本当に難しいのです。映像コンテンツの脚本、撮影、編集には、予想よりも常に時間がかかるため、プロフェッショナルの専門知識が必要になります。

　静的コンテンツの多くと同じように、映像のアクセシビリティを念頭に置き続ける必要があります。自分で選択したホスティングプロバイダーから配信されるコンテンツに、全視聴者がアクセスできますか？　視聴者を惹き続けられるように、十分に短い映像になっていますか？　映像に字幕を付けましたか？　映像とともに、タイムスタンプ付きの完全な文字起こしを提供しましたか？　文字起こしを公開することで、難聴である視聴者をサポートするのに加えて、検索エンジンによってインデックスされ、映像がよりみつかりやすくなります。

　映像の修正よりも文章や画像の修正のほうが、はるかに簡単なことを覚え

ておいてください。映像の保守は前もって計画しておきましょう。どのぐらいの期間、最新化していくつもりですか？　新機能をリリースしたときに、映像を再撮影もしくは再公開する準備ができていますか？

ビジュアルコンテンツのレビュー

どんなに文字が少なかったとしても、コンテンツであることに変わりはありません。つまり、CHAPTER 4で扱ったのと同じ編集プロセスを適用する必要があるのです。

決して、ビジュアルコンテンツ単独でレビューしないでください。周囲にある文章を確認しましょう。文章内における、そのビジュアルコンテンツの配置は理にかなっているものですか？　適切に挿入されていますか？　モバイル端末や大きなスクリーンで見たときに位置が動いたとしても、意味が通じますか？　サイトパフォーマンスに影響を与えていませんか？

理解容易性、アクセシビリティ、パフォーマンスの要件を満たしたら、同僚にレビューしてもらいましょう。デザインは主観的であること、知識の呪いがあることを思い出してください。これまで作ってきたドキュメントによってあなたは詳しくなりすぎているため、ビジュアルコンテンツの客観的な評価が難しくなっています。本書の後半で、ビジュアルコンテンツを含むドキュメントの効果を測定する方法を扱います。

ビジュアルコンテンツの保守

ほとんどのドキュメントで起こる失敗の最大の要因をCHAPTER 11で扱います。その要因は保守です。文章はすぐに時代遅れになりますが、画像はさらに早く時代遅れになります。ユーザーインターフェース（UI）を1つでも変更すれば、スクリーンショットは古いものになります。プロセスの急な変更は、図中の1本の線が突如、ユーザーを誤った方向へ導きかねません。新機能によって、高いコストをかけて練り込まれた映像の価値がほとんどなくなることもあります。

画像の作成に利用したフォーマットやツールにかかわらず、簡単に更新できるように元のファイルを他の人に確実に共有しておきましょう。

まとめ

ビジュアルコンテンツを使えば、文章よりも情報をすばやく伝えられますが、ビジュアルコンテンツの正しい活用は厄介です。画像とテキストがお互いに補完し合うようにしてください。有益なスクリーンショットにするための要件はたくさんあります。コピーアンドペースト可能な文字列に対して、スクリーンショットを使わないでください。図、ラベル、色はすべて、一貫性をもって正しく利用してください。

映像コンテンツには注意してください。チームが小さかったり、予算が少なかったりするなら、映像コンテンツの欠点が利点を常に上回ります。企画から保守にいたるまで、ビジュアルコンテンツの3原則を常に意識してください。

・**理解容易性**：読み手に役立つか？
・**アクセシビリティ**：読み手を限定していないか？
・**パフォーマンス**：コンテンツサイズ・フォーマットによって読み手は助かっているか？　もしくは邪魔されていないか？

次章では、コンテンツを作成して磨き上げるところから、世界中の誰しもが見られるようにするところまで紹介していきます。

CHAPTER

6

ビジュアルコンテンツの追加

PART 3

ドキュメントの公開と運用

ドキュメントの公開

Publishing documentation

Ship it!

　期待に胸を膨らませながら、シャーロットはドキュメントの最終確認をしていった。カーティクのおかげで、想定しているよりも早くドキュメントをまとめられた。ドキュメントをざっと見直しながら、サンプルコードや図が正しく表示されているか確認していき、こう思った。

「準備できた！」

　次にやることは、ドキュメントを開発者に公開することだ。もちろん、メイの開発チームがすぐに使い始められるように、メールに添付して送付しても良かった。しかし、Corg.lyを使ってほしい数千の開発者に対しては、メールはスケールしない。だから、オンラインで公開すると決めた。でも、どこで公開したらいいんだろう……？

　そう考えながら、シャーロットはカーティクにメッセージを送った。「ちょっと相談できる？　ドキュメントの公開場所で悩んでいて、候補がいくつかあるんだけど……」カーティクから返信があった。「もちろん。で、どんなアイデア？」

　シャーロットは、コンテンツを公開する場所と公開の管理に使えるツールを順番にいくつか説明していった。2人は結局、いちばんシンプルな解決策に絞り込んだ。つまり、会社のWebサイトに新しいセクションを作り、そこにドキュメントを追加すること、およびコンテンツ管理に関してはソースコ

ードのバージョン管理システムと同じものを使うことにした。

「会社のブログに、簡単な紹介記事を書こうかな。みんなに公開時期や掲載場所を知らせることができるから」とカーティクが提案してくれた。

「いいね！　公開できたら、打ち上げしないと！」とシャーロットは笑顔で返した。

コンテンツの公開

かつてのコンテンツの出版には、明確なプロセスがありました。まず、特色番号[49]とレジストレーションマークが付いている校正刷りを印刷所に送ります。そうすると数週間後に、そのドキュメントは本になって返ってきます。そこから、物理的な印刷物を読み手の元に届ける必要がありました。

私たちはもうそんな世界で生きていません。今では、ソフトウェアの一部をリリースするお知らせと同じように、公開（出版）とはコンテンツを読んだり把握したりできるようにすることを意味します。現代の「出版する」は通常「意図した読み手が、コンテンツを電子的に利用できるようにすること」を意味します。

何らかの公開には、ときに感情的な難しさがあります。すなわち、いったん外で公開されたら、何らかの反応があるということです。「もうちょっと直してから…」と思い、ドキュメントが結局、読み手に届かなくなるという罠に陥るのは簡単です。手厳しい評価をされるのではないか、未完成なのではないか、もしくは何かを忘れたり漏らしていたりするのではないかと心配になり、リリースを引き延ばしたくなるかもしれません。

リラックスしてください。ソースコードと同じで、リリース時に完璧なドキュメントはほとんどありません。公開への不安に対処する最も良い方法は、まず公開してからフィードバックに基づいて更新を繰り返すことです。ドキュメントを公開したあとにパッチを当てたり、更新したり、修正したりして

よいのです。ソフトウェアに対するパッチ当てや更新が良いこととみなされている、むしろ期待すらされていることと同様です。ソフトウェアをCDでリリースしなくなったことと同様に、公開とはもはや紙への印刷ではありません。

　ツールや公開場所の選択肢は無数にあります。ドキュメントの公開は、Webサイトの作成、ブログ記事の執筆、GitHub gistの作成、もしくは社内向けwikiの作成とも捉えられます。公開プロセスを実行できるように、本章では決めるべき事項をいくつか説明します。

・コンテンツリリースプロセスの構築
・公開タイムラインの作成
・公開の最終決定と承認
・読み手へのコンテンツの告知

コンテンツリリースプロセスの構築

　組織にあるソフトウェアのリリースプロセスとちょうど同じように、ドキュメントに対するリリースプロセスを作るとよいでしょう。コンテンツリリースプロセスとは、コンテンツの公開に向けた計画です。計画には、公開に向けたタイムライン、コンテンツの最終レビューと公開の責任者の選定、コンテンツ公開場所の指定が含まれます。

　コンテンツリリースプロセスの作成に向けて、次の質問に答えるとよいでしょう。

・コンテンツをいつ公開するか？
・最終レビューと公開の責任者は誰か？
・コンテンツをどこで公開するか？
・コンテンツを公開するために、追加で必要となるソフトウェアツールは？
・新しいコンテンツをどのように発表するか？

コンテンツリリースプロセスは、チェックリストのように軽量なものや、完全にスクリプト化して既存のソフトウェアリリースプロセスに組み込んだものでも構いません。大事なのは、コンテンツを読み手に届けるための計画があることです。

リリースのサイズに合わせて、コンテンツリリースプロセスをカスタマイズするとよいでしょう。たとえば、Corg.lyの最初のリリースでは、シャーロットによってリリース計画が一式、作られています。計画には、ソフトウェアとコンテンツを公開するタイムライン、コンテンツの最終レビュワー、Corg.lyのユーザーに今後のリリースを知らせるためのブログ記事による告知が含まれています。しかし、カーティクが小さなバグを修正し、それが大きなリリースの一部ではないのであれば、簡単な更新なので一度のピアレビューでこと足りるでしょう。

公開タイムラインの作成

公開タイムラインとは、公開に向けて必要不可欠なタスクがすべて揃っていること、およびタスクの完了に向けて十分な時間があることを確認するための方法の1つです。ユーザー調査の実施、ドキュメントの計画の作成、ドラフトの作成、レビューにはすべて時間がかかります。ガントチャートは、全リリースプロセスを含む計画を表現する便利な方法です（**図7.1**）。たとえば、Webチームが何かを検証してアップロードするのに3日、フィードバックを取り込むのに2日、編集に1週間かかるなら、公開予定日の2週間前にドラフトを準備する必要があると分かります。

公開タイムライン			ローンチ
開発	██████		
テスト/QA		██████	
ドキュメントのドラフト作成	█████		
ドキュメントの編集		██████	
ドキュメントの公開			██████
コードのリリース			██████

図7.1 公開タイムラインを示すガントチャート

　公開タイムラインを設定するときは、ソフトウェアのリリースと他の関連イベントとが整合するようにするとよいでしょう。かつては、独立した品質保証サイクル用の期間がプロジェクトに確保されていたように、ドキュメント用の期間が確保されていました。しかし、より速い、よりアジャイルな開発の世界では、そんな贅沢はいっていられません。代わりに、リリースタイムラインの一部に公開タイムラインを組み込み、必要不可欠な執筆とレビューの時間を確保する必要があることを、担当チームに確実に認識してもらいましょう。

　リリースの他の利害関係者たちの了承のもと作り出された公開タイムラインは、数々のスケジュールを調整し、リリースのスケジュールに影響する前に起こりうる問題をあぶり出す絶好の方法です。また、公開タイムラインがあれば、プロセスの各責任者を明確にできます。

　ドキュメントリリースのすべてに公開タイムラインを設定しましょう。どんなに小さくて軽いリリースであっても、他の人の関与が必要です。

コードリリースとの整合

開発者向けドキュメントとそれが説明しているソフトウェアは一緒にリリ

ースする必要があります。トレーニングやユーザーインターフェースのデザインをどんなに行っても、欠けているドキュメントは補えません。プロダクトリリースと公開スケジュールを合わせておくことで、同一のリリースであること、一緒にリリースされる必要があることを全員が理解できます。

　小さなドキュメントのリリースであれば、完全な公開サイクルは不要かもしれません。リリースノートの中で、ドキュメントの変更と更新があったことをユーザーに知らせましょう。

▌公開の最終決定と承認

　ドキュメントのリリースを承認する、もしくは差し止めする責任をもつ最終承認者を 1 人任命するとよいでしょう。最終承認者を公開タイムラインに明記しておきましょう。最終承認者は、コンテンツの量と品質レベルに対して、リリース前の最終決定権をもちます。どんなドキュメントも完璧にはなりませんが、有害なドキュメントをリリースしてはいけません。その判断を行う責任者を必ず置いてください。

　最終承認者はまた、リリース前のドキュメントのテストとレビューの責任を負います。自分が最終承認者であれば、ドキュメントの間違いをいくつか見つけることになるでしょう。間違いを見つけたときに備え、リリースを延期する基準を事前に決めておいてください。ドキュメントのバグに対しても、ソースコードに使っているものと同じトリアージ[50]システムを利用できます。人に害を及ぼしそうですか？　システムやソフトウェアにダメージを与えますか？　データ損失が起きますか？　そこまでの悪影響を引き起こすドキュメントはほとんどありませんが、それはソフトウェアでも同様です。それでもなお、トリアージカテゴリが多くの組織で用意されています。

　自分の組織内で、同僚のレビューと自動テストの両方を抜きにコードをリリースしていないならば、ドキュメントも同様にリリースしてはいけません。同等のプロセスにするための最も簡単な方法は、コードレビュープロセスを

50　訳注：災害現場や医療で主に使われる言葉。被害者の状態に応じて優先度を決めること

ドキュメントに対しても適用することです。ドキュメントがコードベースの一部に含まれているなら、コードに対して実行されるすべての統合テストを確実にパスする必要があります。同僚によるレビューや品質保証の文化があるなら、ドキュメントに対しても同じ基準を適用するとよいでしょう。

　ドキュメントがコードベースに含まれていなくても、ドキュメントをテストしましょう。サンプルコード用の単体テストがなければ、手作業でテストしてください。たとえば、手順どおりに実行して、ユーザーが期待する成果が得られましたか？　手順を書くときには、ユーザーの大多数よりも自身のほうが詳しいこと、およびその知識によって誰もが知っているわけではない「明らかな」手順を飛ばしかねないことを覚えておいてください。たとえば、次の指示を書いたとします。

```
$ brew install --cask firefox
```

　このコマンドが動作するためには、MacOSを使っている、かつHomebrewがインストールされている、かつ必要な権限があるという状態が揃っている必要があります。この条件を理解しているユーザーもいるかもしれませんし、いないかもしれません。だから、読み手の分析がとても重要なのです。

　説明過多で失敗したほうが安全かもしれません。しかし、書き手と読み手の双方にとって説明過多、もしくは取っつきにくい説明にならないようにしてください。パン袋の開け方から始まるような、サンドイッチの調理方法についての説明を考えてみてください。それぐらい詳しい説明が必要な読み手もいるでしょうが、ほとんどの場合は過剰です。全員を対象に書こうとすると、最も重要なユースケースの読み手を遠ざけかねません。テストを目的とするなら、書き手が提供した情報、もしくは対象のユーザーが知っていると合理的に予想できる情報を利用して、記述に沿ってユーザーが行動を起こせるようにしてください。

　また、リリースの差し止め基準を決めるタイミングは、今が適しています。理想からは何か離れている、または少しかっこ悪いぐらいであれば、おそらく公開日をずらすほどではないでしょう。何かがかなり間違っていて、害を

及ぼしかねないなら、修正完了するまで公開を止めておく必要があります。基準を決めて、それをしっかり守ってください。簡単に聞こえますが、判断が必要な場合が出てきます。事前に基準を決めておくことが役立つのはこのためです。

コンテンツの届け方の決定

既存のサイトへのコンテンツ追加であれば、自分でほとんど決められるでしょう。しかし、新しいコンテンツを公開するときは、公開場所とユーザーがそれを見つける方法について慎重に検討しましょう。

コンテンツの公開場所を決めるにあたり、次のルールを覚えておくことが大事です。

ユーザーがいる場所で、ユーザーに出会う

どのようにユーザーがコンテンツを体験したいか、によって公開場所が決まります。「ユーザーがいる場所で、ユーザーに出会う」ようにするために、次の質問とシナリオについて考えてみてください。

・組織内で何かを使うための適切な方法を探している社内のチームがユーザーですか？　社内のWikiやイントラネットのサイトに置くとよいでしょう。
・ソースコードやエンドポイントを使う社外の人がユーザーですか？　ソースコードのリポジトリの中にドキュメントがあれば便利でしょう。
・何かをインストールしたいエンドユーザーやシステム管理者が読み手ですか？　依存性のループ[51]を避けるために、ソフトウェアの外部にドキュメントを置くようにしてください。

51　訳注：ソフトウェアの内部にドキュメントが存在している場合、ソフトウェアをインストールする必要がある。そのため、ソフトウェアのインストール方法が記されたドキュメントが必要になる。しかし、ドキュメントはソフトウェアの内部に存在する、といったループのこと。

ユーザー調査から、どのようにしてドキュメントを読み手が使おうとしているのか、分かっていることでしょう。インデックスへの追加対象となる場所にドキュメントを配置するなら、見出しを明確にし、インデックスへの追加を許可しておいてください[52]。「単に見つけられなかったから」という理由で、労力をつぎ込んだドキュメントを誰も読んでくれなかったと分かったら、残念な気持ちになります。

また、初めて公開する場所であり、そのために新しいツールセットを使っているなら、事前にテスト用のドキュメントを手作業でその場所に公開してみましょう。ツールもしくは自分の理解のギャップに気づいたら、それをメモしておきましょう。そうです。ドキュメントにはドキュメントが必要なのです。もしくは、少なくともリリース向けのドキュメントが必要です。公開プロセスに沿ってテスト用ドキュメントを公開することは、ドキュメント一式をリリースしたときに、問題なくドキュメントがリリースされていることを確認できることを意味するため、他の人もそのプロセスに追従できるようになります。

ドキュメント公開のお知らせ

ドキュメントが公開されたら、閲覧可能になったことを読み手に伝えるのが大事です。リリースと整合が取れているドキュメントであれば、新しいリリースについてのお知らせのどこであっても、簡単に技術ドキュメントをリンクできます。

ドキュメント一式をリリースするなら、読み手にとって最も合理的なスタート地点にリンクを張ってください。たとえば Corg.ly の今回のリリースであれば、シャーロットは新たにできる「スタートガイド」のページへ新規ユーザーを誘導できるでしょう。新規ユーザーにとって、ここが最も合理的なスタート地点です。

---

52 訳注：HTMLであれば、<meta name=" robots" content=" noindex" > のように<head>セクションに実装することで、多くの検索エンジンのインデックス対象から外れる。

また、リリースノート、アプリケーション内での通知、もしくはユーザーに送付されるメール内に、新しいドキュメントに関するお知らせを含めることもできます。大事なのは、新しい情報源が利用可能になったとユーザーに知らせることです。

将来に向けた計画

コードと同じように、ドキュメントは生きています。ドキュメントに将来起こることをある程度計画しておく必要があります。

開発者は、緊急対応に備えてオンコール当番として時間を使うことがよくあります。ドキュメントでも同じように、緊急対応が必要になると知ったら、驚かれるかもしれません。ドキュメントの誤りがインシデントレベルの問題になる業界やプロダクトが一定あり、そのような問題が起きた場合にオンコールにより当番が呼び出されます。ドキュメントが重要であるなら、他の運用上の問題対応と同じように、緊急対応に備えて手順書とともに計画しておく必要があります。

どれぐらい頻繁にドキュメントを更新しますか？　コンテンツがリリースと連動しているなら、あるコンテンツの公開が遅れたとしても、同じ頻度で更新したほうがよいでしょう。より継続的にデプロイしているなら、ドキュメントの更新予定日を決めて、事前に読み手にその予定日を知らせておきましょう。また、ドキュメントの更新スケジュールを決めておけば、対処が必要なほどの大量の技術的負債を抱えるまでは、全員の優先度リストの一番下にこういった課題が滑り込むのを防げます。

何度かのリリースプロセスを経て、公開のリズムに慣れてきたら、一歩引いてみて、改善できる場所がないか探してみましょう。公開プロセスの自動化に向けて、ツールやスクリプトを最初から使いたくなるかもしれません。しかし、最初は作り込みすぎずに、実際に動く、最もシンプルなプロセスから始めたほうがよいでしょう。そして、まずはそれを繰り返して使ってみましょう。なぜならば、トイル[53]の存在を理解できなければ、そのトイルを自動化してなくせないからです。実体験する前に予測するよりも、フリクショ

ンが実際に起こる場所を見つけたほうが、時間の大きな節約となります。

コンテンツの保守と自動化の詳細については、CHAPTER 11で扱います。

まとめ

ソフトウェアのリリースプロセスと整合が取れている、ドキュメントのリリースプロセスを作りましょう。リリースプロセスには、公開向けのタイムライン、コンテンツの最終レビューと公開の責任者の任命、コンテンツの公開場所の決定、を含めておくとよいでしょう。

ドキュメントのリリースを許可する、もしくは差し止めする責務をもつ最終承認者を1人任命してください。公開用のタイムラインに、この最終承認者を記載しておいてください。

リリースの前にドキュメントをテストしましょう。ドキュメントが正しいかどうか、サンプルコードが動作するか、サンプルコードが十分に説明されているか、コンテンツが公開基準を満たしているかどうか確認してください。

ドキュメントが公開されたら、プロダクトのお知らせ、ブログ記事、顧客向けメール、リリースノートといったチャンネルを通じてドキュメントが閲覧可能になったことを発表しましょう。

より良い計画、コミュニケーション、ツールを利用して、リリースプロセスを反復し、改善していきましょう。

---

53 訳注：トイルの定義はCHAPTER 11を参照。

## CHAPTER 8

フィードバックの収集と組み込み

Gathering and integrating feedback

STORY

最初のフィードバック

　最初のドキュメントをWebサイトで公開してから、2週間が経った。打ち上げとリラックスするための短い休みの取得を終えて、シャーロットとカーティクは読み手の反応が気になってきた。期待どおりに、ドキュメントは役立っているのだろうか？

　メイのチームでフィードバックがあったかどうかを教えてもらうべく、カーティクはグループ向けの簡単なアンケートを添付して、メイにメールを送った。その後、メイからアンケートの回答結果を受け取ったカーティクは、フォローアップの打ち合わせをメイに依頼した。

　打ち合わせが始まり、メイが話し始めた。「打ち合わせを設定してくれてありがとう。また、フィードバックできる機会もいただけて助かります。総じて、良いドキュメントでした。ただ、チームから質問がいくつかあります。犬の鳴き声の時間を指定するフォーマットのパラメータが、ドキュメントに……」

　メイが話してくれた、チームが抱えている他の課題についても、カーティクはメモを取っていった。そのいくつかはプロダクトの課題であり、ドキュメントの課題もいくつかあった。課題を整理しようと考え始めたときに、メイから出た質問にカーティクは驚いた。

「もっとうまくフィードバックする方法はありませんか？　時間を割いていただけるのはありがたいのですが、このやり方だとすべてのユーザーにスケールしないと思うんです」

　メイの言うとおりだ。メイのチームの課題を対応するだけならとても簡単だ。しかし、今回みたいに1対1でフィードバックをもらう方法は、とてもじゃないけれどカーティクとシャーロットの顧客全員にスケールしない。そして、今回のメイのチームからもらえたフィードバックが外れ値の可能性もある。もっとこの件について考えて、シャーロットとアイデアについて話す必要があると、カーティクは考えていた。

ユーザーの声に耳を傾ける

　ユーザーとコミュニケーションを取るための主な方法の1つがドキュメントであり、ユーザーはコミュニケーションを返せることを期待しています。ユーザーからのフィードバックの収集は、プロダクトとドキュメントでうまくいっている箇所と、改善が必要な箇所を学ぶのに役立ちます。また、初期のユーザー調査（CHAPTER 1を参照）から立てたすべての仮説の検証（もしくは修正）にも役立ちます。

　一見すると、ユーザーからのフィードバックをすべて集めて理解することは、途方に暮れるように感じられるかもしれません。ソースコードとドキュメントに多くの労力をかけてきたにもかかわらず、ユーザーのフィードバックは、一方的な批判や混乱、もしくは単に役立たなそうだと感じることがあります。有意義で建設的なフィードバックと、そうでないフィードバックの分類は大変な作業です。

　そうはいうものの、ユーザーニーズに応え、ユーザーのプロダクト理解を深め、ユーザーの生産性を高めるために、ドキュメントは重要な役割を担っています。ユーザーからのフィードバックによって、ドキュメントとプロダクトの成果に関する重要な情報が得られます。また、コンテンツとソースコードの両方の改善に使える提案がユーザーから提供されることも多くあります。

本章では、ユーザーフィードバックを集めるプロセスと、フィードバックを実用的なものにするプロセスについて説明していきます。そのために次の内容を扱います。

・ユーザーからのフィードバックチャンネルの作成
・フィードバックからアクションへの変換
・ユーザーから受け取ったフィードバックのトリアージ

> **Note**
>
> 　フィードバックとメトリクスは密接に関係しています。メトリクスに関する詳細情報は、CHAPTER 9を参照してください。

フィードバックチャンネルの作成

　ユーザー数が少ないうちはメールやチャットを通じて、もしくはカーティクがメイと行ったような小さな打ち合わせを通じて、個別にユーザーとコミュニケーションできるかもしれません。ユーザー数が増えてくると、こういった場当たり的な方法でフィードバックを得る方法はスケールしなくなります。それでもなお、大量のメール、Twitterのつぶやき、Stack Overflowの質問を通じて、ユーザーは連絡してきます。受け取ったメッセージすべてに対応していると、「もぐらたたきゲーム」をしているような苦境に立たされていることに気づきます。

　ドキュメントやソースコードの改善に役立たせることのできる、ユーザーからのフィードバックチャンネルを作ることが解決策になります。フィードバックチャンネルとは、ユーザーからあなたにコミュニケーションを取れる特定の手段や場所のことです。ドキュメントに対する課題をユーザーから直接提出してもらう方法から、カスタマーサーベイを通じてフィードバックを依頼する方法まで、そのすべてがフィードバックチャンネルに含まれます。

　ユーザーからフィードバックを集める創造的な方法がたくさんあります。

本章の目的に照らし、ここではドキュメントに深く関係する次のフィードバックチャンネルに焦点を当てます。

・ドキュメントページからフィードバックを直接受け取る
・サポートチケットをモニタリングする
・ドキュメントに対する感情を測定する
・ユーザーサーベイを作成する
・ユーザー会を設立する

　チャンネルごとに、ユーザーから得られるフィードバックの種類は異なります。たとえば、ドキュメントページ上でユーザーからの課題を直接受け取ることで、個々のページに対するフィードバックが得られます。一方で、顧客に定期的に連絡することで、ドキュメントとプロダクトの両方に関するより高いレベルのフィードバックが得られます。

　このフィードバックチャンネルのリストは網羅的なものではありませんし、すべてのチャンネルの作成を試みる必要もありません。ユーザーの声に耳を傾けるということは、ユーザーの時間を尊重することを意味します。だから、書き手にとってはどのチャンネルが最も有益か、読み手にとってはどのチャンネルが最も時間を使わなくて済むか、もしくは気が散らなくて済むか慎重に検討してください。結局のところ、読み手はプロダクトを理解するためにドキュメントを読みにやってくるのです。フィードバックを送りにくるわけではないのです。

ドキュメントページからフィードバックを直接受け取る

　公開されているページに関する特定の課題を読み手が見つけている場合に、ページからフィードバックを直接受け付けることで、読み手から連絡できる方法を与えます。たとえば、プロセス中の手順の1つが分かりにくかったり、サンプルコードが動かなかったりするケースをユーザーが見つけてくれるかもしれません。

小さなプロジェクトであれば、メールリンクをページ上に表示させて、送信メールにページタイトルとURLを付与するような短いスクリプトをページに埋め込めます[54]。もしくは、コードのバグと課題を管理するために使っているものと同じシステムへフィードバックを送るリンクを張っておくこともできます。この方法は特に、ユーザーから大量のフィードバックが集まるような大規模プロジェクトで便利な方法です。コードの課題と同じ場所でフィードバックを追いかけられれば、フィードバックの追跡・測定・回答がより簡単になります。

リスト8.1　Corg.ly のドキュメント向け課題テンプレート例

```
## タイトル
<!--- 課題の概要を短く書いてください -->


## ドキュメントのURL
<!-- 関連するURLをここにコピーアンドペーストしてください -->


## ドキュメントで間違っていたこと、またはドキュメントに不足して
いたこと
<!-- 影響を具体的に説明してください。必要であればスクリーンショッ
トを添付してください -->


## 想定される解決方法
<!-- 任意回答です。ドキュメントの改善案があれば記載ください -->
```

CHAPTER

8

フィードバックの収集と組み込み

54　訳注：href属性のmailtoの値に仕込む方法のこと。 mailto=hoge@example.com?title=fuga のように記載できる。

ほとんどの課題管理システムでは、フォームやテンプレートを使った情報収集ができます。これは、ユーザーからのフィードバックを収集するときに特に有用です。課題テンプレートを提供することで、フィードバックに構造をもたらし、役に立たない、もしくは暗号めいたフィードバックをユーザーが送らずに済むようになります。Corg.ly のドキュメント向けの課題テンプレート例は**リスト8.1**のとおりです。なお、Corg.lyのドキュメントはMarkdown形式の課題テンプレートを利用していると仮定します。

　ページ単位でフィードバックする仕組みのゴールは、コンテンツに対してユーザーが直接反応できる機会を提供することです。ドキュメントを改善すべき箇所に関する最も具体的なフィードバックがユーザーから得られます。

サポートチケットをモニタリングする

　サポートチームが組織内にあるなら、ユーザーフィードバックを集めて理解する良いパートナーです。サポートチームにはおそらく、顧客を支援するために使う独自のフィードバックチャンネルがあり、顧客の課題の記録、回避策のドキュメント化、レポートを生成するためのインシデント管理システムもたぶんあるでしょう。

　可能ならば、よく報告される課題と顧客からのフィードバックのトレンドを理解するために、サポートチームと密に連携しましょう。顧客が同じ課題に何度も遭遇しているなら、ドキュメントまたはプロダクトを更新することで、その課題を解決する必要があります。

ドキュメントに対する感情を集める

　ドキュメントに対する感情とは、ドキュメントに対して読み手がどのように感じているかです。簡単なアンケートを通じて、もしくは「このページは役立ちましたか？」という質問に対して、シンプルに「はい」か「いいえ」をユーザーにクリックしてもらうように促すコードをページに埋め込むことで、ドキュメントに対する感情を見つけ出し、測定できます。（**図8.1**）

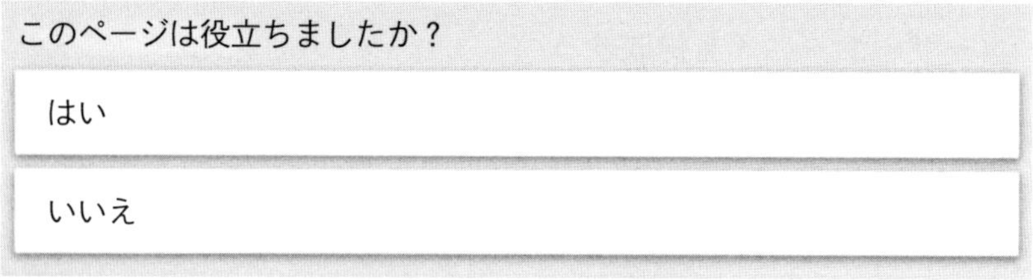

このページは役立ちましたか？

はい

いいえ

図8.1 Googleのページ上に出るドキュメント感情収集ツール

　ページの評価が低ければ、ページを改善してみて、感情に対するその変更の効果を測定しましょう。ページの評価が高く、その理由が分かっているなら、うまくいったことを別の場所で再現できます[55]。

　感情の測定には重大な制約がいくつかあります。「はい」か「いいえ」による感情測定のデータが効果を発揮するためには、大量の回答を収集する必要があります。収集したデータが多ければ多いほど、実際にユーザーを表しているデータである、という確信が持てます。また、変更によって影響があったかどうか測定するために変更を加えてから、さらに回答が集まるまで待つ必要があります。

　感情はまた、そのコンテキストに強く依存することがあります。たとえば、トラブルシューティングのページにやってきた読み手はいら立っているので、評価は低くなりやすいでしょう。たとえ、そのページが役立ったとしても、ユーザーは低い評価をつけるかもしれません。フォローアップの質問やサーベイを通じて、ユーザーがページをどのように感じたかの理由について、より多くの背景を知ることができます。

55　"Widgets," Pete LePage, Google Web Fundamentals, accessed January 28, 2021, https://developers.google.com/web/resources/widgets.

ユーザーサーベイを作成する

　ユーザーサーベイにより、プロダクトとドキュメントに関する質問を集約が簡単な自動化されたやり方で、ユーザーに対して尋ねられるようになります。リンク、もしくはポップアップのいずれかを利用した、短いサーベイをドキュメントに埋め込むことができます。長いサーベイであれば、メールで顧客に送るとよいでしょう。

　どのようにユーザーにサーベイが届いたとしても、測定可能な結果が得られる明確な質問セットに、サーベイの焦点を絞り込むことが大事です。たとえば、Corg.lyのドキュメントに対するユーザー満足度をカーティクが知りたくなったとしたら、次の質問を含むサーベイとなるでしょう。

1　Corg.lyのドキュメントにどの程度満足していますか？
2　探していた情報を見つけられましたか？
3　情報を見つけるまでどれぐらいかかりましたか？
4　その労力は、予想どおりでしたか？
5　ドキュメントを改善するために、何をしたらよいと思いますか？

　こういったサーベイによって、顧客満足度のスコア（CSAT, Customer SATisfaction score）を取得できます。基準値の確立に十分な回答が集まれば、ドキュメントを追加で公開するとき、もしくは現在のドキュメントに挙げられた課題を対応するときに、CSATの変化を追跡できるようになります。

> **Note**
>
> 　良い顧客サーベイの作成には、専門知識・スキルが必要です。洞察に満ちた結果を生み出せる、有益なサーベイを作るために役立つガイドやツールがたくさんあります。ガイドやツールを調べてからサーベイを公開することは、結果の質に大きな違いをもたらします。また、押し付けがましい体験でユーザーをいら立たせずに済むことに役立ちます。

ユーザー会を設立する

　プロダクトにとって重要なユーザーが数人でもいるなら、彼らからフィードバックを得るために、ユーザー会を設立できます。ユーザー会とは、プロダクトについて喜んでアドバイスをしてくれる、現在のユーザーもしくは潜在的なユーザーの集まりです[56]。ユーザー会に参加する典型的な理由は、彼らがアーリーアダプターであり、あなたの成功を望んでいるから、もしくは現在の顧客としてプロダクトやサービスに大きな投資を予定しているからです。本書のCorg.lyの物語に登場するメイは、ユーザー会に最適な人物例です。

　ユーザー会のメンバーが新サービスを試してくれるので、ドキュメントやプロダクトに対する彼らのフィードバックが得られます。また、1対1のインタビュー、ユーザビリティテスト、サーベイを通じて、質問に回答してくれます。新しい機能やドキュメントに対して意見やフィードバックがほしくなったときに、いつも助けてくれる熱心なグループが常に近くにいること、それがユーザー会をもつ意味です。プロダクトを他の人に広めてくれるユーザーのコアグループとの関係構築にも、ユーザー会が役立ちます。

フィードバックから行動へつなげる

　いろいろなフィードバックチャンネルからデータを集めていると、ユーザーからの変更要望の情報が大量に溜まってきます。中には「このドキュメントのここのサンプルコードを更新してください」といったような、具体的で簡単に実行できるフィードバックもあるでしょう。一方でより複雑なものや、ソースコードを改善すべきか、ドキュメントの情報アーキテクチャを修正すべきか検討を要するフィードバックもあるでしょう。

　フィードバックを実行に移すためには、ユーザーにとって最も重要な課題

56　"What we learnt from building a User Council," Charlie Whicher, Medium.com, published Nov 13, 2017, https://medium.com/@CWhicher/ what-we-learnt-from-building-a-user-council-541319c5c356.

順で優先度付けし、無視できる課題や別の機会に延期できる課題をバックログ[57]に入れておくためのプロセスが必要です。

　フィードバックの分類や優先度を決めるこのプロセスのことをトリアージといいます。すべての意見が検討に値するわけではありませんし、素晴らしいアイデアのすべてがすぐに実行すべきものなわけでもありません。限られた資源に対して、最も価値のある修正の選択にトリアージは役立ちます。

▌フィードバックのトリアージ

　医療現場で、各患者が到着した時点で、適切なレベルの治療を判断する評価をするように、ユーザーフィードバックにも同様のトリアージが必要です。次の質問に答えて、各フィードバックの課題をすばやく評価するとよいでしょう。

1　課題は有効か？
2　課題は修正可能か？
3　課題はどれぐらい重要か？

　以降のセクションではそれぞれの質問を掘り下げて、各ステップでの回答に対する具体的な要件を定義していきます。実行に移せるユーザーフィードバックと、さらに情報が必要なフィードバック、無視できるフィードバックの分類に、この３つの質問が役立ちます。次の理由により、ルール化されたトリアージプロセスを適用することが重要です[58]。

・ユーザーの課題に早く反応するため
・依頼された仕事が際限なく残り続けるのを防ぐため
・課題に対する優先度の基準一式を作るため

57　訳注：現在は着手しないが、今後着手する可能性のある作業やタスクのリストのこと

58　"Issue Triage Guidelines," Kubernetes, 2021, accessed June 27, 2021, www.kubernetes.dev/docs/guide/issue-triage/.

・最も重要で効果のある変更に限られたリソースを向けるため

　ドキュメントに対するフィードバックのトリアージと、コードやプロダクトの課題のトリアージに違いはありません。課題管理システムがすでにあるなら、ユーザーフィードバックの管理にも同様にそのシステムを使えばよいでしょう。

ステップ1：課題は有効か？

　ユーザーフィードバックで寄せられた課題を評価するときには、「信頼するが検証する」アプローチを取ることが大事です。ユーザーは善意でフィードバックを送ってくれますが、ドキュメントに無関係なフィードバックだったり、修正済みの課題について書かれたフィードバックだったりすることがあります。

　ユーザーフィードバックをトリアージする最初のステップは、それが有効かどうか確かめることです。今回のケースでは、課題がドキュメントに関連していれば有効である、と考えます。

　ドキュメント専用のフィードバックチャンネルを作ったとしても、ドキュメントに無関係なフィードバックが届くでしょう。「期待どおりに動いてくれない機能があるんだけど……」「ほしい機能がないんだけど……」といったプロダクトに対するフィードバックや、「自分の環境だと、あるタスクをなかなか完了できなくて……」といったサポートの依頼はよくある例です。有効なフィードバックに見えるかもしれませんが、ドキュメントに関係ないため、より適切なチームにこれらの課題を転送することで、トリアージを効果的にできます。

ステップ2：課題は修正可能か？

　ドキュメントに活かせるフィードバックであると判断したら、そのフィードバックが実行可能かどうかを判断することが次のステップです。すなわち、ドキュメントの改善に向けて行動に落とし込めるかどうか、ということです。

　次の条件を満たす課題が、実行可能な課題です。

- 新規であること
- 再現可能であること
- 範囲が限定されていること

　課題が「新規である」ためには、他のユーザーによって報告された課題の重複であってはいけません。検索機能のある課題管理システムがあれば、重複した課題を簡単に検索できます。重複している課題が多い場合は、元の課題に重複があったことを記録して、他の重複する課題をすべて閉じておきましょう。また、何人ものユーザーが同じ課題について報告しているなら、元の課題の優先度を上げることを検討するとよいでしょう。

　次に、課題の再現を試みてください。「ソースコードやドキュメントの誤りによる課題である」とユーザーが考えていても、ユーザーの開発環境に起因するものかもしれません。課題を再現できないなら問題をさらに理解するために、フィードバックの返信にて、詳細情報を提供してもらえるよう、ユーザーに依頼しましょう。ユーザーの開発環境や実行しているコードといった追加の詳細情報を依頼することが、原因解析に役立ちます。

　最後に、修正可能な課題に限定しましょう。「このドキュメントは役に立たない」といったように範囲があいまいすぎるフィードバックは、改善の行動につながりません。「セキュリティセクションを全部書き直してほしい」といった範囲が広すぎるフィードバックも同様です。

　課題の範囲を修正可能なものに絞り込んでください。たとえば、「音声翻訳の準備セクションの理解が難しいので、書き直してほしい」といったフィードバックです。ユーザー体験の向上に直接つながる、具体的なドキュメント修正となるように、各課題の範囲を限定しましょう。境界が明確な一連の行動になるまで、必要な変更内容をより小さな手順へと分解してください。

ステップ3：課題はどれぐらい重要か？

　トリアージの最後のステップは、課題の優先度付けです。課題の優先度には、課題がどれぐらい重要なのか、およびどれぐらい早く修正する必要があ

るのかが含まれます。

　ほとんどのプロジェクトには、課題を優先度付けするための基準があります。たとえば、**表8.1**はGoogle ChromeブラウザのベースとなったオープンソースのChromiumプロジェクトにおける課題優先度の一覧です[59]。

表8.1 課題の優先度

優先度	意味
P0	緊急：すぐに解決する
P1	次のリリースに必要
P2	今後のリリースにあるとよい（ただし必須ではない）
P3	いつでもよい

　Chromiumの組織全体で、これらの優先度は共通です。これらの理解は容易であり、報告されるどんな課題に対してもすばやく適用できます。優先度付けのスキームによって、どのドキュメントの課題をすばやく解決すべきか、およびどの課題を後回しにすればよいかが一目瞭然になります。

ユーザーのフォローアップ

　章の冒頭で述べたように、フィードバックとはユーザーとの対話の方法です。ユーザーが報告してくれた課題にどのように対応したのか、ユーザーとコミュニケーションをすることが大事なのです。

　たとえば、ユーザーが報告してくれた課題を再現できないとしましょう。その場合は、課題の分析に役立つようなユーザー側のコードや、ドキュメントでは扱っていない特定の環境に関する情報のような詳細をユーザーに依頼することが、課題の最も早い解決につながります。フィードバックに対する詳細情報をユーザーに問い合わせするほうが、報告してもらった課題を自分

---

59 "Triage Best Practices," The Chromium Projects, accessed May 14, 2021, www.chromium.
org/for-testers/bug-reporting-guidelines/triage-best-practices.

１人で理解しようとするよりも早く済みます。

　報告してくれた課題を解決したら、フォローアップとしてそれをユーザーに伝えることが重要です。課題管理システムによっては、課題を報告してくれたユーザーに通知してくれるものもあります。そうでない場合は、ユーザーに直接連絡してフィードバックに対する感謝を伝えましょう。期待をはるかに超えるフィードバックをしてくれたユーザーがいるなら、課題の修正後にリリースノートやブログ記事の中でそのユーザーを称賛してもよいでしょう。

　ユーザーからのフィードバックに耳を傾けていることが、ユーザーに分かるようにしましょう。フィードバックをユーザーが送るのには時間がかかります。だから、声が聴かれていることがユーザーに伝わると、信頼の構築につながります。

まとめ

　ユーザーとコミュニケーションをする主な方法の１つがドキュメントです。フィードバックを通じてコミュニケーションを返せることをユーザーは期待しています。

　ドキュメントに関するユーザーフィードバックを集めるためのフィードバックチャンネルは、次のようにたくさんあります。

・ドキュメントのページからフィードバックを直接受け取る
・サポートチケットをモニタリングする
・ドキュメントに対する感情を集める
・カスタマーサーベイを作る
・顧客に定期的に連絡する
・ユーザー会を設立する

　フィードバックを集めたら、各課題の有効性を検証し、優先度付けするプロセスを使って、課題をトリアージしましょう。ユーザーが報告してくれた

課題を修正したら、ユーザーにそれを伝えましょう。

　次の章では、ドキュメントの品質測定に、どのようにフィードバックが深く関連しているかを扱います。また、ドキュメントがどこで、どのようにうまくいっているか測定するためのツールも説明します。

## CHAPTER 9

ドキュメントの品質測定

Measuring documentation quality

STORY

リリースのあとの火曜日

うまくいった！　シャーロットとカーティクは、Corg.lyのAPIを使うユーザー数が増えていくのを眺めていた。週初めには、メイからお祝いのメールが届いており、ドキュメントとコードに対する最初のフィードバックも書いてあった。お祝いも終わり、何よりも大きい安堵感と達成感がシャーロットにはあった。

シャーロットはノートパソコンを床において、アインに「おいで」の合図をした。アインが近づくと、シャーロットは画面を指差しながらいった。「ほら、見て。朝だけで新規登録が1000件以上あったのよ」

すると、アインは画面をクンクンしながら2回吠えた。「ご褒美！ご褒美！」とCorg.lyは翻訳結果を返した。

シャーロットは机の上にあった瓶から犬用ビスケットを取り出して、アインに差し出した。アインがビスケットを口いっぱいに頬張っている姿を見ながら、シャーロットはCorg.lyの今回の成功を振り返り始めた。ユーザー数は伸び続けているけれど、「ドキュメントの成功」ってどうやって捉えればいいんだろう？　ドキュメントにもプロダクトにも、未解決の課題がたくさんある。チームもトリアージや課題対応で忙しいなか、ドキュメントの品質を測る方法ってあるのだろうか？

これは良いドキュメント？

シャーロットのように、ドキュメントをいくつか公開しているうちに次の疑問が生まれます。「これは良いドキュメントなのだろうか？」「どうやったら確かめられるだろう？」

コンテンツに関して取得可能なすべてのメトリクスを使いたくなる衝動に駆られるかもしれません。ページとサイトのアナリティクス、検索データ、クリック率、満足度調査、テキスト解析はすべて測定可能です。

メトリクスを集めれば集めるほど、進むべき道が分からず1人漂っているような気分になるかもしれません。数字が答えの幻想を作り出すこともあります。最初に立てた質問に対する答えが得られないまま、気づいたら追加のメトリクスをひたすら追いかけていた、となりがちなのです。

その助けとなるよう、本章ではドキュメントの品質測定を通じて次の内容を説明します。

・ドキュメントの品質を理解する
・ドキュメントの分析戦略を作る
・メトリクスと品質の整合を取る
・メトリクスを組み合わせて利用する

ドキュメントの品質を理解する

ドキュメントの品質を測定する前に、まず「品質」の定義から始める必要があります。幸いなことに、Googleの執筆者とエンジニアのグループがまさにこの質問に取り組んでいました。つまり、コード品質の評価と似た方法によって、ドキュメントの品質を測定していたのです[60]。彼らの作成したドキ

---

60 Riona Macnamara et al. "ドキュメント作成業務の改善：エンジニアリングワークフローへのドキュメンテーションの統合" SREの探求, ed. David Blank-Edleman（O'Reilly Press, 2018）.

ュメントの品質の定義はとても簡単です。

　ドキュメントが優れているのは目的にかなっている場合である。

　目的にかなっているドキュメントが優れているとするならば、その「目的」
とは何でしょうか？　ドキュメントの目的は、コードの目的と一致している
べきです。すなわち、ユーザーの特定の行動を促進することと、組織のゴー
ルを達成することです。Googleのグループは、ソフトウェアテストの領域か
ら語彙を取り出し、ドキュメントの品質を次の2つの基本的なカテゴリへと
分類しました。

・**機能品質**：ドキュメントの目的やゴールが達成されているかどうか
・**構造品質**：ドキュメント自体がうまく書かれているか、うまく構成されて
　いるか

　機能品質と構造品質の両方には、多くの要素が含まれます。これらの要素
を理解することで、より簡単に品質を測定・評価できるようになります。

機能品質

　ドキュメントの機能品質は、ドキュメントが果たすべき目的を達成したか
どうかを表します。根本的なレベルで、ドキュメントが機能しているかどう
か調べます。
　機能品質全体の測定は困難です。しかし、ドキュメントの目的により合致
しているため、機能品質はより重要なメトリックとなります。ドキュメント
の機能品質は、次のカテゴリに分解できます[61]。

61　Torrey Podmajersky, Strategic writing for UX: Drive Engagement, Conversion, and Retention
　　with Every Word, pp.113-115 (O' Reilly, 2019).

- ・アクセシビリティがあること
- ・目的があること
- ・見つけやすいこと
- ・正確であること
- ・完全であること

アクセシビリティがあること

　機能品質の最も重要な側面がアクセシビリティです。そもそも、読み手がコンテンツにアクセスできず、理解できないのであれば、読み手はゴールを達成できません。

　ドキュメントのアクセシビリティには、言語、読解レベル、スクリーンリーダーによるアクセスがあります。

　アクセシビリティでいちばん重要な部分の1つは、読み手の言語で書くということです。たとえば米国では、300以上の言語が米国内で話されていること、および人口の8％の英語能力は限定的であることが、国勢調査の結果から分かっています[62]。

　世界的にいえば、英語に堪能な開発者はたくさんいます。たとえば、ウクライナの開発者の80％は、中級以上の英語能力を有しています[63]。しかし、すべての開発者が英語を理解しており、英語のレベルが高いと考えてはいけません。ドキュメントのアクセシビリティが十分どうか確認するには、ユーザーがコンテンツを見るときに選択した言語とPV数[64]の確認が役立ちます。

　ドキュメントのアクセシビリティを測定するもう1つの方法が、読解レベルです。一般に、テクニカルドキュメントはタイトル、見出し、段落を含め、小学校高学年レベルで書かれる必要があります。それによって、読み手がコ

62　"The Limited English Proficient Population in the United States in 2013," Jie Zong and Jeanne Batalova, Migration Policy Institute, published July 8, 2015, www.migrationpolicy.org/article/limited-english-proficient-population.united-states-2013.

63　"How Many Software Developers Are in the US and the World?" DAXX, published February 9, 2020. Retrieved from: www.daxx.com/blog/development-trends/number-software-developers-world.

64　訳注：ページビューの数のこと。本章の後半参照。

ンテンツをすばやく理解できるようになり、書き手は複雑な専門用語を避け
て分かりやすい言葉を使うようになります。

　ドキュメントの読解レベルを測定する方法がいくつかあります。フレッシ
ュ・キンケイド・グレードレベル（Flesch-Kincaid Grade level）、オートメ
イティド・リーダビリティー・インデックス（Automated Readability）、コ
ールマン・リアウ・インデックス（Coleman-Liau index）といった方法です。
読み手がドキュメントを理解できるレベルの下限を見積るために、これらの
各指標は文の長さと単語の長さを使用します[65]。これらの指標を利用してコ
ンテンツを評価し、必要な調整内容を教えてくれる無料の解析ツールが数多
くあります。

　ドキュメントを読むために、スクリーンリーダーのようなアクセシビリテ
ィ機能を備えるデバイスを使う人もいます。利用しているグラフィック・
図・ビジュアルにはすべて、代替テキストを付与することが重要です。また、
リンクしている映像にはすべて、キャプションと字幕を付けるとよいでしょ
う。映像に関するアクセシビリティの詳細は、CHAPTER 6を参照してくだ
さい。

Note

　視覚障害向けアクセシビリティの確認には、ドキュメントの文章をはるかに
越えて、ページのHTML要素やビジュアルデザインも含まれます。コンテンツ
のアクセシビリティの検証に利用可能なガイドライン一式が、W3Cコンソーシ
アム（The World Wide Web Consortium）から提供されています[66]。

目的があること

　ドキュメントを役立つものとするためには、目的やゴールをドキュメント

65　訳注：日本語においても読解レベルに関する研究がある。たとえば、文章中のひらがなの割合
　　や平均述語数などを考慮した次の研究がある。柴崎秀子・原信一郎（2010）「12学年を難易尺
　　度とする日本語リーダビリティー判定式」『計量国語学』27-6、pp.215-232、計量国語学会

66　Web Accessibility Initiative（WAI）: Making the Web Accessible, accessed June 27, 2021,
　　www.w3.org/WAI/.

内に明確に記述して、その達成に向けて機能する必要があります。タイトルと最初の段落の両方に、ドキュメントの目的と、読み手が達成できることを書いておきましょう。ドキュメントのゴールは、書き手の組織のゴールと読み手のゴールの両方に合致している必要があります。

たとえば、Corg.lyのAPIを開発者が使い始めるのに役立つドキュメントをシャーロットが作っているとしましょう。まず、「Corg.ly API スタートガイド」のように、読み手にとってのドキュメントのゴールを明示的に表すものをタイトルに付けるとよいでしょう。続いて、「Corg.ly APIの認証」や「Corg.ly APIを初めて呼び出す」といったように、ドキュメントの冒頭で、説明する内容を明確に述べましょう。

ドキュメントの成功度合いを測定するために、Corg.lyのAPIを新規ユーザーが初めて呼び出すまでにかかった時間を、シャーロットが単純に確認するかもしれません。この測定内容は、TTHW（Time to Hello World）と呼ばれています。タスク完了によって、目的達成度と理解度を完璧に測定できるわけではありませんが、ドキュメントの効果を理解するための、良いスタート地点になります。

Note

TTHW（Time to Hello World）とは、新しい言語を使う開発者が「Hello World」を出力するまでにかかる時間のことです。新規開発者が基本的なサンプルをどれぐらい簡単に動かせるかどうか測る指標として、TTHWはプログラミング言語のみならず、APIにも活用されています。動かすまでに必要な時間の短さと、採用されやすさには相関があります[67]。

見つけやすいこと

見つけやすさとは、どれくらい簡単に読み手がコンテンツにたどり着けるか、コンテンツ内を読み進めることができるかを表す指標です。

---

67 Brenda Jin, Saurabh Sahni, Amir Shevat, Designing Web APIs: Building APIs That Developers Love (O'Reilly Media, 2018).

見つけやすさとは、ドキュメントの外部にある何かや、良いWebサイト設計と良い検索エンジンによって修正可能な何かだと考えているかもしれません。もちろん、良いWebサイト設計は有用です（詳細はCHAPTER 10を参照ください）。しかし検索エンジンは、サイト内の間違っているページにユーザーを導いたり、Webサイト全体を検索対象に含めなかったりすることがあります。ユーザーが想定するキーワードがコンテンツに含まれていなかったり、同じようなコンテンツが掲載されている似ているサイトがたくさんあったりすると、読み手は正しいコンテンツを探しにくくなります。ユーザーが探していることを理解すること、検索キーワードを標準化すること、どのようにユーザーがサイトを見つけてやってくるか測定することはすべて、見つけやすさの向上につながります。

　ユーザーがサイトにたどり着けたとしても、正しいページに到着していないかもしれません。「Every Page is Page One」の著者であるマーク・ベーカーは次のように書いています。

　「見つけやすさの真の問題は、コンテンツの奥底にある間違った場所から、別の奥底にある正しい場所へ、読み手を連れていく方法にある」[68]

　コンテンツが見つけにくいのであれば、ユーザーは正しいドキュメントにたどり着くべく、いろいろな検索クエリを試しているため、サイトに繰り返し出入りしているかもしれません。

　深層にあるコンテンツにユーザーがたどり着けるように、サイト全体における現在地を表示して、できるだけ多くのコンテキストを各ドキュメントで提供するとよいでしょう。文脈的な位置、関連ドキュメント間のリンク、分かりやすいドキュメントタイプの利用（CHAPTER 2）、情報アーキテクチャ（CHAPTER 10）の利用はすべて、必要なコンテンツを目指して読み手が効率よく滑らかに移動することに役立ちます。

68　"Findability is a Content Problem, not a Search Problem" Mark Baker, Every Page is Page One, published May 2013, https://everypageispageone.com/2013/05/28/findability-is-a-content-problem-not-a-search-problem/.

正確なこと

正確さとは、ドキュメント内のコンテンツがどの程度正しいか、および信用できるかを表す指標です。非常に正確なドキュメントには、動作するサンプルコードとコマンドラインのサンプルとともに、そのドキュメントが説明しているソースコードに対する、正確で最新の技術的説明が載っています。不正確なドキュメントには、ドキュメントに対して報告された課題がいくつかあるかもしれません（CHAPTER 9を参照）。また、壊れているサンプルコードや、すでにプロダクトの新しいバージョンに置き換えられているサンプルコードが載っているかもしれません。

不正確なドキュメントを読んだユーザーはいら立ち、ドキュメントとプロダクトの両方に対する信頼を失います。「問題解決のために検索して、ようやく良さそうな資料を見つけたのに使いものにならなかった」というような経験はよくあるのではないでしょうか。

サンプルコード、コマンド、API呼び出し、その他の提供しているサンプルのテストにより、正確さに関する問題を予防できます。また、ドキュメントに書いてある全サンプルのテスト自動化も可能でしょう。ユーザーからのフィードバックを定期的に確認してすぐに対応することは、ドキュメントの正確さの改善に役立ちます。

完全であること

ユーザーが成功するために必要な情報がすべてドキュメントに含まれているならば、そのドキュメントは「完全」です。タスク向けのドキュメントならば、完全性は次を意味します。

1 読み手が従うべき前提条件がすべて一覧化されている
2 タスク完了に必要なすべてのタスクが載っている
3 読み手が取るべき次のステップが定義されている

技術的なコンセプトの概要を説明するドキュメントであれば、読み手が知っておく必要のある重要な技術面がすべて説明されていれば、そのドキュメントは完全です。APIリファレンスのような技術的なリファレンスドキュメントであれば、APIに存在するすべてのコマンド一つひとつが記載されている必要があります。

構造品質

　ドキュメントの構造品質とは、ドキュメントがどのぐらいうまく書かれているかどうかを表すものです。構造品質には、文、段落、見出しの構造、言葉の質、文法の正しさが含まれます。また、ドキュメントの読みやすさも内包されています。

　本書では、優れた文章にある「3つのC」を使って、構造品質を定義します。

・Clear（明確な）
・Concise（簡潔な）
・Consistent（一貫している）

Clear（明確な）

　明確さとは、ドキュメントをいかに簡単に理解できるかを表す指標です。ドキュメントの明確さは、提供している情報を読み手がどのぐらい簡単に取り込めるか、および読み手がうまくできる自信をどれほどもてるか、を指します。

　全体的にいえば、明確なドキュメントは次のようなものです。

・うまく定義された、正しい順序で並んでいる見出しによって、トピックが論理的なセクションに分解されている
・タスクの時系列で並んでいる見出しがあり、各手順で期待される成果が記載されている

・プロセス中の各ステップの結果が明確である

・読み手が理解しやすい方法で、手順が構成されている

・読み手が行き詰まりやすい場所を指摘している

・ユーザーが遭遇するかもしれないエラー定義がすべて載っている

　文単位でいえば、良いドキュメントは理解が難しいかもしれない専門用語
や、不必要に長い言葉を避けます。馴染みのない言葉を使う必要があるなら、
読み手のためにその言葉を定義しましょう。

Concise（簡潔な）

　簡潔さの的を射た定義は、短くて分かりやすいことです。簡潔なドキュメ
ントには、全体的に読み手に関連する情報とゴールに関する情報のみが含ま
れています。読み手の理解を妨げるものはすべて取り除き、関連はしている
もののすぐに必要ではないものにはリンクを張っておきましょう。

　一文単位、および単語単位でいえば、簡潔なドキュメントには読み手に必
要な情報のみが含まれており、それ以外は含まれません。不要な言葉と不要
なコンセプトを避けてください。

　「The Elements of Style」の作者である、ウィリアム・ストランク・ジュニ
アは次のようにいっています。「図に不要な線を含めてはいけないように、また
機械に不要な部品を入れてはいけないのと同じ理由で、1つの文に不要な言葉
を含めてはいけませんし、段落に不要な文章を含めてはいけません」[69]

> **Note**
>
> ヘミングウェイエディタ（hemmingwayapp.com）のように、ドキュメント
> の簡潔さを測定し、改善するためのツールがいくつかあります。これらのツー
> ルでコンテンツを評価することで、コンテンツを読みやすくできます。[70] [71]

69　William Strunk, The Elements of Style. 4th ed. (Pearson, 1999).

70　Hemingway Editor, www.hemingwayapp.com/.

71　訳注：日本語でも、研究・教育に利用を限定したシステムとして、日本語文章の難易度を評価す
　　る jReadability 日本語文章難易度判別システム https://jreadability.net/sys/ がある。

Consistent（一貫している）

　ドキュメントの一貫性とは、コンテンツの構造、導入するコンセプト、言葉の選択がドキュメント全体で同一であることを意味します。一貫性のあるドキュメントには全体的に一貫した、タイトル、見出し、段落構成、リストがあります。読み手がドキュメントを流し読みしてすばやく必要なものを見つけられるように、読み手が簡単にたどれ、使えるようなパターンが、一貫したコンテンツには使われています。

　一文単位でいえば、一貫性とは「同じ単語が、同じ内容を示している」ことを意味します。たとえば、Corg.ly APIを使うために認証する必要があるなら、「Corg.ly APIへの接続」といった言葉を使うのではなく、常に「認証」と呼ぶことが大事です。ドキュメント全体で用語に一貫性をもたせることで、読み手はコンテンツをすばやく理解できるようになります。

　スタイルガイドとドキュメントタイプの標準セットの活用は、一貫性のあるコンテンツ作成に役立ちます。

機能品質と構造品質との関係性

　理想的にいえば、ドキュメントには、高い機能品質と高い構造品質の両方があるべきです。しかし、機能品質のほうがより重要です。どれだけうまく構成されていて、うまく書かれていたドキュメントだったとしても、ゴールを達成していなければそれは不十分なドキュメントなのです。構造品質に問題があったとしても、ゴールを達成できるものが良いドキュメントです。

　こう考えるとよいでしょう。

・不十分な機能品質 ＋ 優れた構造品質 ＝ 貧弱な総合品質
・まあまあの構造品質 ＋ 良好な機能品質 ＝ 良好な総合品質

　ドキュメントのメトリクスを集める際、機能品質ではなく構造品質に集中しやすいものです。ユーザーがドキュメントに書かれたタスクを成功できたかどうかよりも、単語数、ページでの滞在時間、言葉の一貫性といったメト

リクスの収集のほうが簡単なのです。そのため分析情報を集める前に、まず最初に何を測定して何を改善するのかを明確にすることが重要です。

分析のための戦略策定

　ドキュメントが効果的であるためには、読み手のゴールと、書き手の技術的なゴールやビジネスのゴールとが合致しなければいけません。本章の初めで述べたように、「目的にかなっているドキュメントこそが優れたドキュメント」なのです。

　ドキュメントのゴールが、どのようにユーザーや自分の組織のより上位のゴールと整合しているか理解するために、分析戦略が役立ちます。戦略により、改善したい箇所に対する重要なメトリクスに集中して、残りの部分を無視できるようになります。

　効果的な分析戦略を作るために、次の点を明確にしてください。

・自分の組織のゴールとその測定方法
・読み手のゴールとその測定方法
・ドキュメントのゴールとその測定方法

　ドキュメントは、ユーザーのゴール達成を助けるものであるべきです。ひいてはそれが、より大きい自分の組織がゴールを達成するのに役立ちます。これらのメトリクスはすべて、お互いに整合がとれているため、全メトリクスをまとめて見ることが有効です。

　組織のゴールと読み手のゴールは、CHAPTER 1で扱いました。しかし、ドキュメントセットが成長し、より専門的になっているので、品質を測定し始める前にこれらのゴールを見直しておくとよいでしょう。

組織のゴールとメトリクス

　組織がユーザーに求める具体的な行動が、組織のゴールとなります。組織

のゴールは通常、収益に紐付いています。ユーザーを増やし、エンゲージメントを高め、長く使ってもらうことで収益が増えることに、組織のゴールは焦点を当てています。また、拡大するサポート要望と顧客の質問に対応することで、費用を減らすことにも焦点を当てています。このようなゴールは次のようなものが含まれます。

・新規ユーザーの獲得とオンボーディング
・既存ユーザーによる新機能の利用
・ユーザーによる特定のタスクの完了
・既存ユーザーのリテンション
・ユーザーのサポート要望とプロダクトへの質問の対応

　CHAPTER 1を振り返ってみると、Corg.lyのAPIを新規ユーザーが組み込めるように支援することで、新規ユーザーを獲得してオンボードすることがCorg.lyのゴールでした。
　Corg.lyが成功するためには、ユーザーによる重要な行動を次のように最適化する必要があります。

・開発者によるCorg.lyのAPI採用数の増加：他の開発者やデバイスメーカーによってCorg.lyのAPIが採用されることが、Corg.lyがスケールするための最短経路です。これが、最もエンジニアリングで注力すべきサービスであり、最もCorg.lyの利益につながる活動となります。
・Corg.lyのAPIのユーザーの統合支援：Corg.lyには、新規開発者にCorg.lyのAPIと機能の使い方を教え、収益を維持するために彼らに長い期間とどまってもらう必要があります。

　技術プラットフォームとビジネスの両面でCorg.lyが成功するためには、ユーザーが前述の行動をするよう促す必要があります。したがって、Corg.lyのドキュメントを作るときは、**表9.1**にリストアップされたゴールとドキュメントとの整合を取るとよいでしょう。

表9.1 ゴールとメトリクス

組織のゴール	成功時のメトリクス
他の開発者によるCorg.lyのAPIの採用数の増加	APIを利用する新規登録者数の増加
	API利用数の増加
	API利用者からの問い合わせ量の減少

ユーザーのゴールとメトリクス

　組織のビジネスゴールが収益とプロダクトの採用に焦点を当てていたのに対して、読み手のゴールは特定のタスクの完了に焦点を当てています。CHAPTER 1でユーザーニーズを調査してあり、ユーザーのゴールのアウトラインをすでに作ってあります。ドキュメントの品質を考えるときに、ユーザーのゴールを再び強調しておくとよいでしょう。

　組織のゴールよりも、読み手のゴールは小さく具体的です。たとえば、「SDKをダウンロードする」、「サービスの認証をする」、「エラーのトラブルシューティング」といったようなものが、読み手のゴールに含まれます。また、測定方法もより主観的になります。

　Corg.lyのAPIの利用に向けたドキュメントを検討するとき、読み手のゴールは次のいずれかになるかもしれません。

・Corg.ly API を使い始める
・APIの認証をする
・翻訳用のAPIに犬の鳴き声データを送る
・テキスト形式で翻訳結果を受け取る
・音声ファイルで翻訳結果を受け取る
・サービスでエラーが起きたので、それを修正する必要がある

　これらのゴールの一つひとつに、複数のドキュメントが関係しており、ドキュメントの成功に関連するメトリクスも異なるかもしれません。

　「Corg.lyのAPIを使い始める」を例に取れば、ユーザーのゴールには次が含まれるでしょう。

・APIの利用に向けて新規登録する

・APIへアクセスする

・APIの基本的な使い方を学ぶ

　表9.2にリストアップしているように、これらと成功時の具体的なメトリクスとを合致させられます。

表9.2　ゴールとメトリクス

ユーザーのゴール	成功時のメトリクス
APIに対して新規登録する	APIを利用する新規登録者数の増加
APIへアクセスする	APIリクエスト数の増加
APIの使い方の基本を学ぶ	アクティブにAPIを使っているユーザー数の増加

ドキュメントのゴールとメトリクス

　ドキュメントの品質測定に役立つWeb解析ツールから集められるメトリクスは、多種多様です。

　収集可能な、ドキュメントのメトリクスは次のとおりです。

・**ユニーク訪問者数**：一定の期間内にサイトを訪れた人数のこと

・**PV数（Page Views）**：訪問者がページを見た回数を記録したもの。最も見られているページ、見られていないページ、アクセスがまったくないページが、PV数により分かる

・**ページ滞在時間**：次のページに移るまでに、あるページに訪問者が滞在していた時間を記録したもの

・**直帰率**：サイトに来て、1つのページを見て、他のページを見ることなく去っていった（直帰した）ユーザー数のこと

・**検索キーワード分析**：サイトへの訪問者が利用した検索クエリが分かる。ユーザーが探している情報を提供できているかどうかを把握するのに役立つ

- **読解レベルもしくはテキストの複雑性分析**：ページを読む難しさと理解しやすさを知るのに役立つ
- **ドキュメントに関係するサポートチケット**：追跡することで、ユーザーニーズを満たせていないドキュメントの理解に役立つ
- **リンクの検証**：サイト内外へのリンク切れの有無を確かめる。リンク切れは、ユーザーの不満の原因である
- **TTHW（Time to Hello World）**：新しいプログラミング言語を使い始めてから「Hello World」を出力するまでにかかる時間、もしくはあなたのサービスを使って、かなりシンプルなタスクを完了するまでの時間

　利用可能なメトリクスは、使い切れないほどあります。だから測定したいシナリオに基づいて、確認するメトリクスを絞り込むことが重要です。たとえば、「Corg.ly API スタートガイド」のドキュメント一式の品質を評価するために、表9.3 にて質問とその回答に当たるメトリクスをリストアップしています。

　表9.3は、「Corg.ly API スタートガイド」のドキュメント一式を評価する場合の質問例・回答例です。

表9.3　品質に対する質問と関連メトリクス

質問	ドキュメントのメトリクス
ドキュメントを読んでいるユーザー数は？	ユニーク訪問者数
最も見られているドキュメントは？	PV数
ユーザーが使い始めるまでにかかる時間は？	TTHW（今回の例では、「Corg.lyのAPIを使い始めるまでの時間」）
どうやってユーザーはドキュメントをみつけているか？	「Corg.ly API スタートガイド」の見つけやすさ。検索クエリ、リンク、流入数が含まれる。
ドキュメントで修正すべき箇所は？	ドキュメントに対してユーザーから報告された課題数　リンクの検証

これらのメトリクスのゴールは「そのドキュメントは目的にかなっている
か？」という質問に答えることです。読み手やその行動をさらに理解するた
めに、追加のメトリクスを追いかけることもできます。しかし、ドキュメン
トの評価に役立つ、核となるメトリクスを決めておいてください。

ドキュメントのメトリクスを使うためのコツ

ドキュメントのメトリクスの収集と分析方法に万能薬はありません。コン
テンツの公開場所、ユーザーデータの収集に利用可能なツール、結果を分析
するために必要な時間によって、収集可能なメトリクスは決まります。

ドキュメントのメトリクスを使って品質を評価するときは、次のコツを念
頭に置いておきましょう。

・計画を作る
・基準値を確立する
・コンテキストを検討する
・メトリクスを組み合わせて使う
・定性的フィードバックと定量的フィードバックを組み合わせる

計画を作る

コンテンツに関して回答したい特定の質問のリストを作りましょう。測定
したい内容に加えて、根拠と測定内容の活用方法の概要を書いておきましょ
う。テクニカルコミュニケーション分野のボブ・ワトソン教授は、少なくと
も次の質問に応えられるように、と提案しています[72]。

・なぜ測定したいのか？

---

72 "Measuring your technical content" Part 1 Bob Watson, Docs by Design, published August
　24, 2017, https://docsbydesign.com/2017/08/24/measuring-your-technical-content-part-1/.

・その情報を使って何をするのか？

・その努力で、どのように組織のゴールを前に進められるのか？

　何を測定したいのか、およびなぜそれを測定したいのかを知っておくことは、作業への集中と、追う価値のあるメトリクスかどうか考え抜くことに役立ちます。

基準値を確立する

　追いかけるメトリクス一式を選んだら、それらのメトリクスに対する基準値を決める必要があります。基準値によって、変更前後のメトリクスを比較できるようになるので、その効果を評価できるようになります。変更後にのみ測定していたとしたら、それらを比較するものは何もありません。

コンテキストを検討する

　ドキュメントそのものの外部にあるコンテキストを考えておかないと、定量的な指標により誤解が生じることがあります。各ドキュメントは、ユーザーごとに異なるゴールの達成に役立ちます。ユーザーは、自身のニーズに応じてさまざまな方法でドキュメントを利用します。その様子は、前後のコンテキストをより意識した指標に表れます。

　たとえば、「Corg.ly API スタートガイド」のPV数が増加しているのであれば、それは良いことです。Corg.ly の使い方を学びたいユーザーが増えているからです。しかし、Corg.lyのエラーコードを説明するページでのPV数の増加は、プロダクトかドキュメント、もしくはその両方に関する問題を読み手が抱えていることを意味するかもしれません。

メトリクスをまとめて使う

　メトリクス単体で使うよりも、複数のメトリクスを組み合わせることで、

質問に対する良い回答が得られます。メトリクス間で相関がある場合は特にそうです。たとえば、Corg.lyのサポートチケット数の増加に気づいたので、ユーザー向けトラブルシューティングのコンテンツ一式をカーティクが公開したとします。公開後もサポートチケット数が増え続けていたらどうでしょうか。カーティクは、「ドキュメントが効果的ではなかった」と考えるかもしれませんが、それが100%正しいとは言い切れません。

Corg.lyに新規ユーザーが急激に流入しており、ユーザー当たりのサポートチケット起票数は減っているかもしれません。この場合は、カーティクのドキュメントは機能しています。また、ユーザーがコンテンツを見つけられないため、コンテンツの見つけやすさをカーティクが修正する必要があるかもしれません。このような場合は、メトリクスを組み合わせて見ることが、カーティクの問題解決に役立ちます。

定量的フィードバックと定性的フィードバックを組み合わせる

コンテンツを評価するときは、定量的フィードバックと定性的フィードバックの両方を見ることが大事です。ページのメトリクス、検索アナリティクス、ユーザー数はすべて、比較的簡単に取得できるため、こういった具体的な数字に集中しがちです。しかし、ユーザー調査、サポートチケット、ユーザーフィードバックから得られる定性的フィードバックにより、修正がドキュメントの改善につながる具体的な問題について、より多くの背景情報が得られます。

まとめ

ドキュメントが優れているのは目的にかなっている場合です。ドキュメントの品質を検討し測定するときは、機能品質（ドキュメントが目的にどれぐらいかなっているか）と構造品質（ドキュメントがどれぐらいうまく書かれているか）を考えてください。

ドキュメントの品質を測定するときは、あなたの考えるユーザーのゴール

と、あなたの考える自分の組織のゴールの整合を取りましょう。

　ドキュメントの品質測定、メトリクスの基準値の確立、コンテキストごとの活用パターンの評価、メトリクスの組み合わせ、定性・定量の両方のフィードバックの検討のための計画を立てましょう。

　次の章は情報アーキテクチャを扱います。すなわち、検索しやすく、巡回しやすいコンテンツの整理方法についてです。

ドキュメントの構成

Organizing documentation

次のリリース

「シャーロット、次のリリースに向けてアイデアをいくつか思いついたんだ。デザインドックを共有してあるから、時間があったら見ておいて」とカーティクはいった[73]。

シャーロットは早速、数分かけてドキュメントに目を通していった。「素晴らしい！特に映像対応がよいと思う。映像対応すれば、翻訳の結果が良くなるはず」

カーティクはこう答えた。「ありがとう！映像対応は、顧客のフィードバックで一番多い要望だったんだ。アルファ版でいいから試してみたいって考えている顧客向けに、もうドキュメントもいくつか書いてあるよ」

アルファ版のリリースと公開後、フィードバックをもらうためにシャーロットとカーティクはメイに連絡して、打ち合わせを設定した。

打ち合わせが始まると「連絡ありがとうございます。今回の発表に、チームはだいぶ盛り上がってましたよ！でも、使おうと思ったら、情報がなかなか見つけられなくて大変だったんです。Corg.lyへ動画を送って、翻訳結果を取得する方法の部分なんですけど……」とメイが話した。

73　訳注：ゴールや背景、大まかな実装戦略や設計上の意思決定をまとめた文書のこと。

カーティクは数秒考えてから、こう答えた。「ドキュメントは絶対に書いたはずなんです。ほら、ここを見てください」彼は、Corg.lyのドキュメントのサイトを何回かクリックして、ノートパソコンをくるっと回して次のように続けた。「サイトの深いところにあるのは分かっているのですが、たしかに書いてあるんです」

メイは眉をひそめながら話した。「たしかにありますね……。でも、そのページのリンクを送ってくれなかったら、自分一人ではたどり着けなかったと思います」

カーティクとシャーロットは部屋の中で、思わず目を合わせた。読み手に対して、どのようにコンテンツを整理すればよいのかというところまで、考えが及んでいなかった。メイが課題を見つけたなら、他の顧客も確実に見つけるはずだ。ホワイトボードに戻って、何か案を考えないと……。

読み手のためのドキュメント構成

ここまでの章で、読み手を定義し、よく利用されるコンテンツのタイプに沿ったコンテンツを作成して公開してきました。公開ページ数が増えてくると、読み手が巡回しにくく、理解しにくいような未整理のコンテンツセットが増えていることに気づくかもしれません。そんなときこそ、どのようにドキュメントの構成について考え始めるときです。

コンテンツの構成方法を決めることは、構造化された方法と持続可能な方法によるドキュメントの成長に役立ちます。コンテンツの整理方法によって、読み手に意味と目的が伝わります。ドキュメントに適用する構成上の組み立ては、ドキュメントの情報アーキテクチャと呼ばれています。

情報アーキテクチャが明確に定義されていれば、自分や同僚がサイトにページを追加してドキュメントの数を増やしても、読み手が混乱したり、サイトの巡回がしづらくなったりするとはありません。

ドキュメントの情報アーキテクチャの構築に向けて、本章では以下を説明します。

- 読み手が正しい情報を見つけられるようにする方法
- 情報アーキテクチャの設計
- 情報アーキテクチャの実装

読み手の道しるべ

不慣れな空港で、目当ての搭乗口を探しているときのことを想像してください。あなたは周囲を見ながら、自分の現在地に関する手がかりを探しています。最初に、地図や入ってきたターミナルを示す標識を探そうとするかもしれません。続けて、自分は何階にいるのか、荷物を預ける場所はどこかと探していくかもしれません。

ユーザーは、特定の情報をドキュメントから探し出すときに、自分は適切なページを見ているのか、次はどこを見ればいいのかといった手がかりを求めて、さきほどの例と同様に全体を見渡すのです。この探索プロセスは非常に高速であり、関係する情報を見つけるためにコンテンツの中からパターンを識別することに集中します。ユーザーは、プロダクトの複雑さにもよりますが、関連度や情報量の異なる数十から数百のページと相対しているかもしれません[74]。

意味のある構造へと情報を整理し、コンテンツ構成のパターンを意図的に表示し、最もユーザーに関係している情報を強調することで、ユーザーがサイトをより高速に、より直感的に巡回できるようになります。これにより、読み手が頭の中に、どのようにコンテンツが構成されているかという地図（メンタルモデル）を作ることに役立ちます。

次の新しい要素をドキュメントセットに取り入れることで、情報アーキテクチャを計画し、読み手がコンテンツのメンタルモデルを作ることを支援しましょう。

---

74 "First Impressions Matter: How Designers Can Support Humans' Automatic Cognitive Processing", Therese Fessenden, Nielsen Norman Group, accessed 27 June 2021, https://www.nngroup.com/articles/ first-impressions-human-automaticity/.

- サイトナビゲーションと構成
- ランディングページ
- ナビゲーションの手がかり

Note

　本セクションは、情報アーキテクチャとドキュメントとの関連に絞っており、情報アーキテクチャの表面をなぞったにすぎません。情報アーキテクチャの詳細や、ユーザー体験との関係については、付録を参照してください。

サイトナビゲーションと構成

　サイトナビゲーションは、現在のコンテンツの地図と将来追加されるコンテンツの予定図の両方になります。情報アーキテクチャの最も重要な部分なので、考え抜いて作りましょう。

　コンテンツを整理する基本的な方法は3つあります。その3つとは、シーケンス、階層、Webです[75]。これらのアーキテクチャによって、ユーザーがサイトを巡回するための、およびあなたがページを追加するための一貫性のあるモデルを作る方法が得られます。また、ナビゲーションのモデルの作者であるあなたに役立つ区切りをもたらしてくれます。

シーケンス

　シーケンスは読み手にとって最も馴染みのある構造です。（**図10.1**）あなたが読んでいるどんな本でも、1ページずつ順番に構成されています。シーケンスの順番はAPIの利用に必要となる手順のように時系列にもなりますし、索引や用語集のようなアルファベット順にもなります。シーケンスの順番では、読み手にとって最も効果的な順番となるように、書き手がページを配置していく必要があります。

75　Patrick Lynch and Sarah Horton, Web Style Guide, Yale University Press; fourth edition（2016）

図10.1　シーケンス構造

階層

　階層構造は家系図や組織図に似ています（**図10.2**）。家系図と同じように、コンテンツにはページ間で親子関係があります。階層構造は、広い概念から始まり、より詳細な、より具体的な情報へと絞り込まれていきます。1つのメイントピックは、関連している複数のサブトピックによって支えられます。

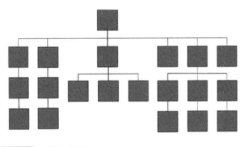

図10.2　階層構造

Web

　Web構造は、各ページが1つまたはそれ以上のページにリンクしている、相互接続された、階層構造をもたないページのパターンです（**図10.3**）。Web構造によって、コンテンツをどのように閲覧・整理するか、ユーザーが決められるようになります。たとえば、WikipediaはWeb構造です。各ページは同じ階層に位置しており、ページの集合内の1つかそれ以上のページにリンクされています。自分の選んだ順でリンクをたどりながら、1つのトピックから次のトピックへと、途切れずに読み進められるようになります。

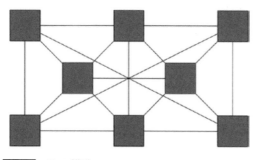

図10.3 Web構造

すべてを組み合わせる

　おそらく、サイトナビゲーションと構成は、シーケンス、階層、Webの組み合わせになるでしょう。たとえば、Corg.ly のドキュメントのランディングページは、いろいろなユーザーニーズに基づいた階層構造になるかもしれません。しかし、ステップバイステップでタスクを達成するプロセスを説明している手順書内では、各セクションにハウツーページがシーケンス構造で含まれるかもしれません。(**図10.4**)

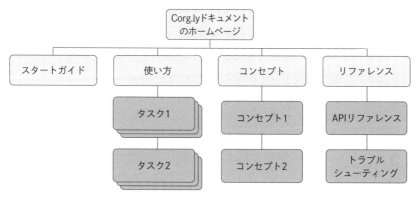

図10.4　サンプルアーキテクチャ

情報の分類方法はたくさんありますが、ユーザーが巡回するときに常に、一貫性と馴染みやすさを感じられる情報アーキテクチャにするとよいでしょう。たとえば、Corg.lyに2つのサービスがあるとしましょう。1つは人が携行するスマートフォン上のアプリを通じて犬の鳴き声を翻訳するサービスで、もう1つは犬に付けられる翻訳機能付き首輪向けのサービスです。このとき、**図10.5**のようなドキュメント構造とナビゲーションは、理にかなっているでしょう。

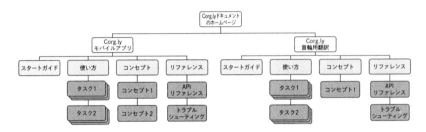

図10.5　サンプルアーキテクチャ

　各プロダクトのユーザーは異なるかもしれませんが、プロダクト同士の垣根を越えた共通性が十分にあり、情報アーキテクチャの一貫性を保つことに役立っています。また、一貫性のある情報アーキテクチャは、新規コンテンツを追加すべき場所の理解にも役立ちます。新機能を備えた翻訳用の首輪を使うための一連の新規手順を開発者が書いているならば、そのコンテンツの配置場所は情報アーキテクチャから明確です。

ランディングページ

　読む量を最小限に、適切なコンテンツへとユーザーを誘導するページがランディングページです。ユーザーの時間を節約することで、ユーザーとの信頼関係を築きます。ランディングページは、短く、目を通しやすく、専門用語を使わずに、読み手に有益な情報を載せるとよいでしょう。ランディングページは、道路上で進行可能な方向を指し示している大きな標識に相当しま

す。

　良いランディングページを作るには、最初にユーザーニーズを優先度付けする必要があります。ユーザーにとって最も重要で関連のある情報をランディングページで強調しましょう。ユーザーを適切な道へと誘導するガードレールを作って、あとから必要になるような複雑性は隠してください。ランディングページのトップレベルカテゴリ決めには、ユーザー調査の結果（CHAPTER 1）と会社の戦略目標が役立ちます。

　たとえば、Corg.lyのドキュメント向けのメインランディングページであれば、ユーザーにとって最もよくあるタスクを対象とした主要セクション3つを配置してもよいかもしれません（**図10.6**）：

- ・Corg.lyのサービス概要とクイックチュートリアルのセクション
- ・Corg.lyを利用してユーザーが達成したいことを説明したハウツーガイドのうち、最もよく利用される2つ：「鳴き声から英語へ翻訳する」「英語から鳴き声へ翻訳する」

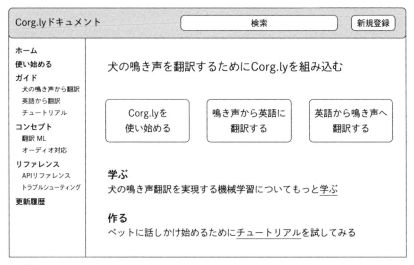

図10.6　ランディングページの例

ランディングページによって、ユーザーはトピックを選べるようになり、タスクの完了に役立つ、もしくはタスクの完了方法の学習に役立つ資料を探せるようになります。ランディングページには、ドキュメントへの直接リンクを必ず設置してください。ランディングページからドキュメントページへ移るために必要なクリック数は少ないほどよいです。

　サービスが成長するにつれて、ランディングページに配置するアイテム数が増えることがあります。たとえば、APIリファレンスへ直接アクセスしたい熟練ユーザーが増えてきているならば、ランディングページにクイックアクセス用リンクを配置すれば便利です。しかし、ページ上に配置される、ユーザーにとって最も重要な項目へのリンク数を制限することが重要です。

　機能の増加に伴って、追加のランディングページを増やしてもよいでしょう。たとえば、Corg.lyで、いろいろな種類のモバイルアプリケーションや、翻訳用の首輪のようなたくさんのデバイスを対応するならば、サービスごとにランディングページを作ると便利かもしれません。

　不要なランディングページ、もしくは互いを入れ子構造にしたランディングページをたくさん作らないでください。ランディングページの下にランディングページが入れ子になっていると、ユーザーが探しているドキュメントを見つけるための選別に手間が多くかかり、ページを書き手が追加するときにも困惑しやすくなります。

ナビゲーションの手がかり

　ほとんどのユーザーは検索エンジンにキーワードを入力し、結果の最初に表示される最も関連性の高い結果をクリックして、ドキュメントにたどり着きます。適切な情報にたどり着いているユーザーもいるかもしれませんが、どちらかといえば多くは単に、近くにたどり着いているだけでしょう。

　不運なことに、どれぐらい近くにいるかユーザーが分からなければ、もしくは探している本当のページの近くから移動する方法が分からなければ、その近さは役立たないのです。そんなときに、ナビゲーションの手かがりが役立ちます。

読み手に対して、情報アーキテクチャを示すものがナビゲーションの手がかりであり、コンテンツの他の部分との関係から読み手の位置の理解に、また次に向かうべき場所の理解に役立ちます。ナビゲーションの手がかりは、地図上で「現在地」を示す赤い点なのです。

ナビゲーションの手がかりには、次のような要素があります。

・親ページを表示することで、コンテンツ階層における現在地を表示するパンくずリスト
・サイト全体もしくはサイトの大部分のコンテンツ階層を表示するサイドナビゲーション
・ドキュメントに関連している情報を含んでおり、検索用のインデックス作成に役立つように、主にプログラムから読まれるラベルとメタデータ
・前提条件、次のステップ、追加の情報セクション。ユーザーを次に進むべき場所へと誘導する、もしくはページにやってくる前に読んでおくべき内容へと誘導する
・読み手が間違ったページにやってきた場合に、代わりのページをおすすめしてくれる脱出口。コールアウトの形で表現されることが多い

ナビゲーションの手がかりは重要ですが、無駄のないように使ってください。「すべての方向に進行可能」と示している標識を交差点で見たとすれば、多すぎる矢印によって、分かりやすさというよりむしろ混乱が引き起こされると分かるでしょう。ネガティブスペース[76] のほうが適切であるときに、ユーザーは選択肢の数に圧倒されて、判断疲れを起こしてしまうのです。

ドキュメントを構成する

ドキュメントの構成とは、既存コンテンツの評価、情報アーキテクチャの計画と構築、コンテンツの新しい構成スキームへの移行を意味します。ドキ

76　訳注：デザインで利用される用語であり、コンテンツなどが何も書かれていない空間のこと

ュメントの構成のゴールは、ユーザーが必要なものを見つけるのに役立ち、あなたが長期間に渡って保守・スケールできるような、コンテンツにとって最適な構成上の組み立てを作ることです。

　以降のセクションでは、コンテンツセットの評価、コンテンツの構成方法の決定、新しい情報アーキテクチャの実装といったプロセスを説明します。ユーザー調査、ユーザーフィードバック、ドキュメントのメトリクスに基づいて、ユーザーニーズと彼らがコンテンツを巡回して読む方法について、すでに分かっていることを前提とします。

既存のコンテンツを評価する

　ドキュメントを構成して情報アーキテクチャを構築するための最初のステップは、既存コンテンツの評価を作ることです。ゴールは、すでに存在する全コンテンツのリストの作成と、そのコンテンツの位置がユーザーに対してどのぐらい役立っているか理解することです。

　この評価は、Webサイトのトップから始まり、ドキュメントの各ページをたどっていくフローチャートだと考えてください。最初に、ページタイトルとURLを含めて、サイトにある各ページをスプレッドシートにリストアップしてください。各ページがどのぐらい役立っているか判断するために、ユーザーについて知っていることを活用して、リストにある各ページを評価します。そのために、次の質問を自分に投げかけてみてください。

・このページは役立っているか？
・このページは最新化されているか？
・このページは適切な位置に配置されているか？

　各ページを評価するときに、ページに対して必要となることをラベル付けしていきましょう。たとえば、次のようなラベルがあります。

・そのまま

- 削除する
- 正確性をレビューする
- 他のドキュメントと統合する
- 複数のドキュメントに分割する

　既存のコンテンツを評価し終えたら、「ユーザーはほしがっていたけれどリストに書いていない情報はあった？」と、自分自身に問いかけてください。そこで欠けていた情報こそが、コンテンツギャップです。発見したコンテンツギャップをすべてリストアップして、評価結果に加えておきましょう。

　これらの作業を終えたら、新しい情報アーキテクチャに含まれる必要のあるすべてのコンテンツのリストが手元にできています。また、ドキュメント一式の改善に向けて、作成、修正、もしくは削除が必要な新しいコンテンツのリストもできています。

新しい情報アーキテクチャのアウトラインを作る

　既存のコンテンツを評価し終えたら、コンテンツの理想図がどのようなものになるか考えてみましょう。これは、ユーザーを最もサポートできるコンテンツ構成を計画するチャンスです。

　新しい構成を作るときには、ユーザーがドキュメントに対して抱いているメンタルモデルを考慮してください。ユーザーの期待するドキュメント構成は、どのようなものでしょうか？　どうすれば適切な情報に、ユーザーをうまく導けるでしょうか？

　最終的にはユーザーのコンテンツに対する期待は次のようになります。

- **一貫している**：馴染みのある構造とパターンでコンテンツが構成されている。ユーザーはコンテンツの場所が常に分かる
- **関連している**：最もよくあるユーザーニーズを満たす、最も重要なコンテンツを、最も簡単に見つけられる
- **見つけやすくなっている**：どのホームページやランディングページからで

203

あっても、検索して簡単にコンテンツにアクセスできる

　上記の原則を念頭に、コンテンツに対して一貫したパターンが理想図に含まれるようにしてください。たとえば、手順書のリストであれば、おそらく時系列に並べたくなるでしょう。コンセプト情報のリストであれば、まずユーザーにとって最も重要な順で構成したくなるでしょう。

　構成案をいくつか試して、ユーザーからフィードバックをもらいながら、情報アーキテクチャの構成を何度か繰り返す必要が出てくるかもしれません。異なる構成を実験する方法として、カードソーティングという良い方法があります[77]。

　カードソーティングは、まさに名前どおりにカードを並べ替える方法です。最初に、ランディングページを含む、サイト内の各ページのインデックスカードを作ります。それから、満足いくサイト構成を作れるまで、カードを動かします。カードにページ名を書いておくと動かしやすくなり、情報に対していろいろな順番や構成案を試しつつ、ユーザーからすばやくフィードバックを受け取れるようになります。

　深すぎず、浅すぎない情報アーキテクチャを目指しましょう。もしサイトのセクションの1つが深すぎるなら、異なるグループに分ける方法を検討してください。同様に、1つのセクションに1つのページしかないならば、他のページとの統合を検討してください[78]。

　コンテンツのアウトライン作成が落ち着いてきたら、新しい情報アーキテクチャがユーザーのニーズを満たせているか検証しましょう。ユーザーがドキュメントを見ながら実行するようなよくあるタスクを思い浮かべながら、次の質問を自分に投げかけてください。

77　"Card Sorting", usability.gov, accessed June 20, 2021, https://www.usability.gov/how-to-and-tools/methods/card-sorting.html.

78　Heidi McInerney, "How to Build Information Architecture (IA) that's a 'No Brainer'", Vont, accessedJune 20, 2021, https://www.vontweb.com/blog/how-to-build-information-architecture/.

- 各タスクのスタート地点は明確になっているか？
- 各タスクの次のステップが明確に定義されているか？
- 追加の必要がある、欠けているステップ（コンテンツのギャップ）はないか？

　3つの質問に対して1つでも「いいえ」があるなら、ランディングページの追加、ナビゲーションの手がかりの追加、もしくはその問題の解決につながるコンテンツの追加を検討してください。

> **Note**
>
> 　あるドキュメントが複数の場所に配置できそうならどうすればよいでしょうか？　ドキュメントセットが成長してくると、コンテンツを自動化して再利用したくなってきます。しかし、控えめにしましょう。自分の組織のためではなく、ユーザーのために最適であるなら実施してください。コンテンツを自動化して再利用していると、検索結果が悪化して、読み手は混乱します。また、自動化による技術的な複雑さにより、保守が難しくなります。
>
> 　1つの最適な場所にドキュメントを配置して、必要であれば複数の場所からそこにリンクを張るほうがよいでしょう。

新しい情報アーキテクチャに移行する

　情報アーキテクチャに満足して、ユーザーフィードバックを十分に集め検証できたなら、新しい情報アーキテクチャへの移行するときです。ページ間を行き来しながら、次のチェックリストを使って、必要な要素が満たされているか監査してみましょう。

- **ランディングページ**：控えめに作成されており、最も重要なドキュメントへとユーザーを誘導している
- **コンテンツのタイプ**：一貫して実装されており、ユーザーに適切である
- **ページデータ**：タイトル、ヘッダー、前提条件、次のステップが説明的で

一貫している

・ナビゲーションの手がかり：パンくずリスト、サイドナビゲーション、脱出口がユーザーの誘導に役立っている
・ラベルとメタデータ：ユーザーと検索インデックスに対して関連情報を表示している
・リダイレクト：ページを移動したあとに、前の場所のURLから新しいURLへと、ユーザーがリダイレクトされている

また、「情報アーキテクチャ」自体をドキュメント化しておくことも重要です。決定事項、決定の要因となったユーザー調査とフィードバック、情報アーキテクチャに利用したパターンを記録しておきましょう。このドキュメントは、重要な仕事にする必要はありません。サイトマップとテンプレート集を小さくまとめた資料でさえ、読み手に対して一貫性を与え、自組織内の対応に整合性をもたらします。

情報アーキテクチャを保守する

新しいページを追加する場合は、次の質問を考えてみてください。

・この新しいコンテンツの配置場所は分かりやすいか？
・既存の情報アーキテクチャに対して、何らかの調整は必要か？
・新しいコンテンツによって、ホームページやランディングページに影響があるか？

しっかり考え抜かれた情報アーキテクチャがあれば、上の質問にすばやく簡単に答えられ、新しいコンテンツの公開場所を自信をもって選択し、コンテンツを増やしていけます。しかし、プロダクトとドキュメントが進化に応じて、サイトに対するユーザーのメンタルモデルを検証し続けるようにしてください。大きなリリースや更新に伴って多くのページに変更があるときは、情報アーキテクチャを評価して、ユーザーを支援するために必要な変更を加

えてください。

まとめ

　情報アーキテクチャとは、ドキュメントに適用する構成上の組み立てのことです。情報アーキテクチャは、コンテンツを巡回するための脳内地図の組み立てに役立ちます。読み手に情報アーキテクチャを伝えるために、サイトナビゲーション、ランディングページ、ナビゲーションの手がかりをドキュメントに組み込むとよいでしょう。

　コンテンツの構成方法には、シーケンス、階層、Webという3つの基本的な方法があります。これらの3つの構造さえあれば、ユーザーがサイトを巡回する、またあなたがページを追加するための一貫性のあるモデルが作れます。

　情報アーキテクチャを設計するときは、既存のコンテンツがすべて含まれているリストを作成し、そのリストに対してコンテンツギャップがあるかどうか評価し、コンテンツセットを新しい情報アーキテクチャで構成しましょう。

　次の章では、不要となったドキュメントの非推奨化など、長期間に渡ってドキュメントを保守する方法を説明します。

## CHAPTER 11

ドキュメントの保守と
非推奨化

Maintaining and deprecating documentation

いくつかのリリースのあと

シャーロット、カーティク、チームによる機能のリリースやドキュメントの更新もだいぶこなれてきて、シャーロットはCorg.lyの音声翻訳に、カーティクは映像翻訳に集中していた。

ある日の午後、カーティクが画面から顔を上げて、ニコニコしながらこういった。「映像翻訳は、ベータ版の次に進めそう！」

「最高ね！散歩にいきたいかアインに聞いても、どれぐらい早く出発したほうがいいのかどうか、分からなかったの。映像があればかなり助かりそうね」とシャーロットは答えた。

すると「散歩？」と耳を立ててアインが反応した。

シャーロットは続けてこう話した。「今回のリリースはAPIにかなり大きな変更があるし、ユーザーへの影響も大きいんだっけ？」

カーティクはため息をつきながら答えた。「そうなんだ。メイのチームをびっくりさせないように、APIの変更をドキュメントにどうやって書いたらいいかな？」

シャーロットとカーティクが、変更する方法と読み手に伝える方法のいくつかを話していると、アインが割り込んできた。口にリードをくわえたまま、アインは一回だけ吠えた。

「今から散歩でしょ？」と翻訳機に表示されていた。

ドキュメントを最新の状態に保つ

　アプリケーションは時間とともに成長し、進化します。メソッドは書き直されます。プロダクトには新しい技術が取り込まれます。チームは、新機能を追加し、他の機能を非推奨化して削除します。こういった変更はすべて、ドキュメントに影響があります。

　「使っているプロダクトのドキュメントをせっかく見つけたのに、すでにそこにある答えは正しくなかった」という経験はありませんか？　おそらく失望し、腹立たしい思いをしたことでしょう。ドキュメントが書かれてリリースされたがその後の更新がない、ということは非常によくあります。プロダクトが新しい機能を備えると、ドキュメントが徐々に古くなり、コードの実行内容から離れていきます。ドキュメントの内容と、コードの実行内容とのギャップが広がれば広がるほど、ユーザーはいら立ち、プロダクトへの信頼を失っていきます。

　カーティクとシャーロットが経験したように、コードの機能やインターフェースの変更により、プロダクトを利用している開発者に影響が出ます。ドキュメントを通じて、読み手は変更に気づけるようになり、彼らを非推奨の機能から遠ざけつつ、ユーザーのニーズを最も解決できる機能を使うように移行してもらうことで、ユーザー体験を改善します。また、ユーザーが思いつきそうな変更に関する質問についても、ドキュメントで事前に答えておくことで、最新かつ最高のプロダクト体験を提供できます。

　本章では、コードと一緒にドキュメントを保守する方法として、次の内容を説明します。

・保守の計画

・保守に役立つツール

・不要になったコンテンツの非推奨化と削除

　既存のコードリリース・保守の方法に組み込めるように、本章の戦略は設

計されています。本章のガイダンスを参考に、自分の開発プロセスに合うように修正できます。

保守の計画

　ドキュメントを保守するには、コードとドキュメントとの整合が必要になります。新機能を設計するときは、コードとコンテンツの両方に必要な更新内容を検討しましょう。新機能によってAPIが変わる、もしくはアプリケーションの他の部分におけるユーザーの関わり方が変わるのであれば、ドキュメントを通じてユーザーに知らせる必要があります。変更内容に合わせて計画を立てましょう。

　ユーザーへの影響検討と、次の質問に回答するところから計画を立て始めましょう。

・今回の変更によって、ユーザーにどのような影響があるか？
・今回の変更によって、プロダクトの既存機能に影響があるか？
・既存のドキュメントには、どのような影響があるか？
・ユーザーを支援するために、ドキュメントを新規に作る必要があるか？

　これらの質問は、CHAPTER 1で実施したユーザー調査の簡易版である、ユーザーへの影響分析の実施に役立ちます。ユーザーへの影響分析をすることで、提案する変更によってどのようにユーザーが影響を受けるか、その状況を解決するために何のドキュメントを更新もしくは作成する必要があるか、はっきり分かるようになります。

　コードのリファクタリングやコードの最適化といった変更であれば、ドキュメントの修正はまったく必要ありません。しかし、他の大半の変更では、ドキュメントの修正が必要です。小さな変更であれば、既存のリファレンスドキュメントの修正で済みます。しかし、カーティクが提案していたような大きな変更であれば、ドキュメントセットに追加する完全に新規のページが必要になります。

プロセスの初期段階でドキュメントについて考えておくことで、そこに必要な時間を見積もることができ、コードの更新時に、ドキュメントが取り残されて古くなってしまうことを防げるようになります。

ドキュメントとリリースプロセスの整合を取る

計画プロセスにて、ドキュメントの更新に必要な時間を見積もりできたら、リリースプロセスの中にドキュメントの工程も組み込んでおくとよいでしょう。更新されたドキュメント・コードを同時にリリースして、両者を確実に同期させましょう。

ドキュメントとリリースの整合を取る方法は多くあります。方法の1つは、リリースに必要なドキュメントの各更新に対して、課題やバグのチケットを作成する方法です。もう1つの方法は、機能要望と一緒にドキュメントに対するニーズをスプレッドシートで追跡する方法です。

たとえば、Kubernetes（Kubernetes.io）ではスプレッドシートを利用して、機能のリリースプロセスを追跡しています。Kubernetesとは、43,000人以上のコントリビューターがいる、コンテナのデプロイと管理を自動化するためのオープンソースプロジェクトです[79]。プロジェクトは巨大で、コントリビューターのグループが変わっていくにもかかわらず、次のリリースプロセスによって、Kubernetesの新機能のリリース（エンハンスメント[80]と呼ばれる）とドキュメントの更新は整合が取られています[81]。

1　追跡用のスプレッドシートで、今後のリリースに向けたすべてのエンハンスメント提案が一覧化されている

79　"How Kubernetes contributors are building a better communication process", Paris Pittman, Kubernetes Blog, published 21 April, 2020, https://kubernetes. io/blog/2020/04/21/contributor-communication.

80　訳注：エンハンスメントは、（機能などの）強化や拡張を意味する。

81　"Documenting a feature for a release", Kubernetes documentation, last modified 11 February 11, 2021, Retrieved from: https://kubernetes.io/docs/contribute/new-content/new-features/.

2 提案された各エンハンスメントはGitHub Issueで文書化されており、デザインドキュメント、機能のオーナー、単体テスト、ドキュメント要否の評価が含まれている必要がある

3 エンハンスメントにドキュメントが必要であれば、ドキュメントに対するプルリクエストを機能のオーナーが作成して、承認を得てからリリースされなければならない

4 エンハンスメントに関するコード、単体テスト、ドキュメントがすべて承認されたら、そのエンハンスメントはリリース可能となる

5 リリース日になると、承認されたすべてのエンハンスメントが新リリースとともにプッシュされる

Kubernetesの例では、コードエンハンスメントのリリースプロセスとドキュメントプロセスが密結合しています。これによって、ドキュメントを最新状態に保ち、コードとドキュメントとの分離を防げるのです。

会社・プロジェクト・チームによってリリースプロセスは異なります。大事なのは、自分に役立つプロセスを見つけ出すことです。

┃ ドキュメントオーナーを決める

ドキュメントの責任は全員にある、と考えられることが多くあります。それゆえに、誰も責任を負ってないとも言えるでしょう。そこで、ドキュメントの課題への対応、ドキュメントの変更に対するレビュー、必要であればドキュメントの更新に責任をもつドキュメントオーナーを明示的に任命することで、責務を明確にしてください。責務の明確化は、ドキュメントが古くなることの防止に役立ちます。

ドキュメントがソースコードリポジトリの中にすでにあるならば、更新履歴にアクセスして、ドキュメントを最後に更新した人を見つければ十分かもしれません。しかし、肥大化して複雑となったドキュメントに対しては、大規模なドキュメントセットの構成方法を理解し、責任をもつ具体的なドキュメントオーナーを指名しておくことが有効です。

ソースコードリポジトリの多くには、特定の複数ファイルやディレクトリのコンテンツに責任をもつコードオーナーを明示的に設定するオプション機能があります。たとえばGitHubであれば、具体的なドキュメントオーナーの設定にCODEOWNERSファイルを利用できます[82]。または、ドキュメント上部にコメントやメタデータを追加して、ドキュメントのオーナーをリストアップすることもできます。たとえば、次のように書きます。

```
<!-- Owners: Charlotte@corgly.com, Karthik@corgly.com -->
```

■ ドキュメントの保守に報いる

ドキュメントを作り、レビューし、ドキュメントの課題をクローズし、コンテンツを最新化している開発者の労力に報いることは重要です。ドキュメントの作成は大変な作業です。称賛と報酬によって、良いドキュメントの作成・保守に向けた、開発者のモチベーションが高まります。

ドキュメントの保守に対する称賛と報酬には、ギフトカード・感謝のメモ・みんなの前での称賛といったものがあり、モチベーションが高まる要因は人によって異なります。また、ドキュメントに時間をかけているチームにペナルティを課してはいけません。ドキュメントの作成と保守は、業績予想や負債見積もりに組み込まれるべきです。「余分」な、もしくは「追加」のタスクと考えてはいけません。

ドキュメントの保守を自動化する

ドキュメント作業の自動化のゴールは、トイルを根絶することです。トイルは単なる「やりたくない仕事」ではありません。ソフトウェアエンジニアリングの世界には、トイルに対する明確な定義があります[83]。

82　3 "About Code Owners", GitHub, accessed 29 December 2020, https://docs.github.com/en/free-pro-team@latest/github/ creating-cloning-and-archiving-repositories/about-code-owners.

「トイルとは、プロダクションサービスを動作させることに関係する作業で、手作業で繰り返し行われ、自動化することが可能であり、戦術的で長期的な価値を持たず、作業量がサービスの成長に比例するといった傾向をもつものです」

　考え抜かれた自動化によって、ドキュメントの保守を楽にする機会が多くあります。以降のセクションでは、鮮度確認、ドキュメントリンターの活用、およびリファレンスドキュメント生成といった自動化を通じて、トイルを根絶する例を紹介します。

　しかし、気をつけてください。うまく自動化できればトイルから抜け出せますが、下手に自動化すると、トイルが組み合わさって危機的状況につながることがあります。プロセスを自動化する前に、すべての手順とつながりを理解しておいてください。

　ドキュメント生成に使うツールは、コンテンツの公開方法に強く依存します。どんなツールを使ったとしても、作業を自動化して、保守に関するトイルを減らせる場所を探すのは良いことです。自動化ツールに関する詳細は、付録を参照してください。

コンテンツの鮮度確認

　大規模なドキュメントであれば、やがて古くなって期限切れとなったドキュメントが、ある程度は出てきます。ドキュメントを期限切れにしないための方法の1つは、レンダリングされるページのコンテンツに「最終更新日」を表示することです。最終更新日は、ドキュメントが最後にレビューされた日、もしくは更新された日を表します。ソースコードリポジトリ内にドキュメントがあるならば、リポジトリから最終更新日を直接取得できます。そう

83　Betsy Beyer, Chris Jones, Jennifer Petoff, and Niall Richard Murphy, Site Reliability Engineering: How Google Runs Production Systems 1st. ed., (O'Reilly, 2016).「SREサイトリライアビリティエンジニアリング、オライリー」

でなければ、その情報を記録するためにドキュメントにメタデータとして埋め込むこともできます。

　最終更新日に加えて、ドキュメントのコンテンツを確認する予定日を決めておくこともできます。たとえばGoogleでは、鮮度状態を通知するために、社内ドキュメントの上部にメタデータを付与しています。ドキュメントが一定期間（たとえば6か月間）更新されていなければ、ドキュメントをレビューして、コンテンツが現在でも正確かどうか確認するように、ドキュメントオーナーにリマインダーが届きます。このメタデータは、次のようになります[84]。

```
<!--
Freshness: {owner: "karthik" reviewed: 2021-06-15}
-->
```

　鮮度確認の通知をドキュメントオーナーが受け取ると、ドキュメントが現在でも正しいことを確認するためにレビューを行います。ドキュメントのレビュー実施日が更新されると、6か月後に通知されるリマインダーが設定されます。Googleによれば、この鮮度確認の仕組みによってドキュメントを最新化し続けようという、オーナーのやる気が高まることが分かっています。また、鮮度確認されているドキュメントの信頼性がより高くなることも分かっています。

┃ リンクチェッカー

　ドキュメント内のリンクは、リンク先が移動したり、アーカイブされたり、削除されたりすると壊れることがあります。ドキュメントが増えてくると、すべてのリンクをチェックする作業は、時間のかかる面倒な作業になってき

84　Titus Winters, Tom Manshreck, Hyrum Wright, "Documentation" in Software Engineering at Google: Lessons Learned from Programming over Time, (O' Reilly, 2020).

ます。リンクチェッカーにより、サイト内にあるすべてのリンクを確認して、404エラーを発生させたリンクに対して更新フラグを付けることで、トイルを軽減できます。

リンクチェッカーは、次の2つのいずれかで動作します。

- CI/CDのツールチェーンの一部として、公開前のドキュメントに対して実行する
- Webページに対するクローリングと同じように、公開後のドキュメントに対して実行する

ドキュメントに対するリンクチェッカーの組み込み方法は、ドキュメントのホスティング先や、ドキュメント公開に利用しているツールによって決まります。どちらの方法も利用可能なツールがいくつかあります。

リンター

ドキュメントリンターやプロスリンター[85] は、コードリンターと同じ原理で動作します。これらは、ドキュメントによくある課題の発見、フラグ立て、修正の提案が可能です。一般的な言葉のスペルミスをスペルチェッカーが見つけるときのように、プロスリンターは、ほとんどの文書作成ソフトに付属しているスペルチェッカーや文法チェッカーに似ています。

リンターは会社特有の文字列を認識して無視できます。たとえば、「Corg.ly」は実在する言葉ではないため、「corgi の間違いではありませんか?」と修正フラグが付けられるかもしれません。しかし、「Corg.ly」で働いている人ならば、迷惑なことでしょう。代わりに、「Corg.ly」をリンターの辞書に登録することで、「Corg.ly」と誰かがタイプした場合に、頭文字を適切に利用するようにそのリンターが提案するようになります。

攻撃的に見えたり、排他的に見えたりする言葉にフラグを付けてくれる、

---

85 訳注：プロス（prose）とは散文のこと。

非常に優れたプロスリンターがいくつかあります。また、スタイルガイドやコンテンツテンプレートに従っていない箇所も発見してくれます。

結局のところリンターは、手の込んだ正規表現にすぎないのです。すべての文や文法の問題に役立つわけではありません。しかし、多くのよくある間違いを見つけてくれるので、骨の折れるレビューを自動化できます。

リファレンスドキュメント生成

手作業によるリファレンスドキュメントの保守は本当に大変です。リファレンスドキュメントの生成の自動化により、保守の負荷をかなり削減できます。また、更新がより簡単で、より正確なドキュメントを作成できるようになります。

シンプルな自動化タスクであれば、ゼロから自動化ツールを作ってもよいでしょう。APIドキュメントの作業といった大きなタスク向けであれば、利用可能なツールが多くあります。APIドキュメントの生成の自動化と、テンプレートに従った出力の整形のためのツールの良い例として、OpenAPIとJavadocがあります。

ドキュメントからコンテンツを削除する

コンテンツは時とともに、成長・進化します。コードリリースとドキュメントが密に整合し続けるようにしていても、ドキュメントは古くなる、もしくは期限切れになる可能性があります。ドキュメント内のいくつかのセクションは、すでにユーザーに不要なものになっているかもしれません。もしくは、APIやサービスの変更により、ドキュメント全体そのものが不要になっている可能性もあります。コンテンツを非推奨化することで、この機能やサービスを今から使うべきではないと、ユーザーが気づけるようになります。

誤った情報をユーザーに伝えないために、コンテンツを非推奨化するタイミングを知っておくことが重要です。コンテンツが非推奨化され、ユーザーがそれに気づいたら、そのコンテンツを削除できるようになります。また、

サイトから情報を削除したときにユーザーが立ち往生しなくて済むように、コンテンツを適切に削除することも大事です。

ドキュメントの非推奨化

コードベース内で古いコードが新しいコードに置き換えられて有用でなくなったため、古くなったコードに印を付けていくプロセスが、プログラミングにおける非推奨化です。たとえば、既存のAPIの代わりに開発者に使ってほしい新しいバージョンのAPIをリリースしたため、既存のAPIの一部を非推奨化するとしましょう。非推奨というフラグが付いたコードを見た開発者は、「これは、将来に削除されるコードだ」と理解します。そのため開発者は、新しいコードに対しては古いAPIを使わないようにすること、および既存の機能からの移行を計画するでしょう。

ドキュメントも同じ方法で非推奨化しましょう。非推奨化する機能を隠したくなるかもしれません。しかし、ユーザーが依存するものが削除されることを理解しておくことは、彼らにとって重要なことなのです。まだ保守されている（と思っていた）コードを使ったのに、自分のプロダクトが突然不具合を起こしたときのユーザーのいら立ちを想像してみてください。

機能の非推奨化をユーザーに知らせるために、ドキュメントは重要な役割を担います。ある機能やコードが非推奨となるなら、その機能を使わないよう、開発者に気づいてもらうために、そのコードに関連するドキュメントにコールアウトを書いておくとよいでしょう。非推奨になったコードの代わりに、開発者が利用すべき新しい代替のコードがあるなら、次のように、コールアウト内に新しい機能へのリンクを含めるようにしてください。

非推奨

Corg.ly 音声API は、2021年8月20日に非推奨となりました。音声APIは、音声と映像の両方に対応している Corg.lyマルチメディアAPI に置き換えられました。

また、今後に非推奨となる事項をユーザーに知ってもらうために、追加の方法を検討していくとよいでしょう。1つの方法は、リリースのお知らせやリリースノートの中で、非推奨の機能を一覧で書いておく方法です。コードベース内に大量の非推奨化事項があるならば、ソフトウェアのリリースごとに更新される非推奨項目のリストを含むページを、ドキュメント内で作っておく方法はもう1つの選択肢となります。

　機能を非推奨としたことによるユーザーへの影響度にもよりますが、まもなく削除される機能から移行するためのガイドの執筆を検討してもよいでしょう。移行ガイドによって、サポートチケット数や顧客のいら立ちを大幅に減らせます。移行ガイドを書くと決めたなら、ユーザーが進むべき道を理解できるように、そのガイドを公開してから非推奨事項を発表してください。

ドキュメントの削除

　原則としてドキュメントは、ユーザーに不要になった時点で削除します。このような状況が起こる理由がいくつかあります。1つは非推奨の機能を利用するすべてのユーザーが移行に成功して、その機能は削除されたときです。もう1つはドキュメントの一部が古く、もしくは無関係になっており、それを修正する時間が割に合わないときです。

　せっかく書いたコンテンツを削除することになるので、悲しいかもしれません。しかし、最終的なゴールはユーザーの役に立つことです。古くなった、不要になったコンテンツを削除することで、すでに無用であったり、無関係なドキュメントによって気を取られることなく、ユーザーが正しい情報をすばやく見つけることに役立ちます。すでに不要となったコンテンツを削除することでコンテンツが整理されて圧縮されたものに保たれます。そのことに、ユーザーも感謝してくれるでしょう。

　機能の削除に伴ってコンテンツを削除するならば、ユーザーに十分に通知しておいてください。機能を停止してドキュメントを削除する前に、プロダクトのお知らせやリリースノートの中で機能が停止されることを記載し、削除しようとしているドキュメントへのリンクを更新しましょう。

ユーザーにすでに無関係なものになっているからという理由で、ドキュメントの削除を考えているなら、そのコンテンツを評価するために、ユーザーフィードバック（CHAPTER 8）とドキュメントアナリティクス（CHAPTER 9）を利用できます。特定のページのPV数が非常に少なくて、そのページに対して大量の課題が報告されているなら、そのコンテンツを修正するよりも削除するほうが価値があるかもしれません。

たとえば、カーティクがCorg.lyの犬の鳴き声翻訳チュートリアルを2本書いたとしましょう。1つは音声ファイル向けで、もう1つは映像ファイル向けのチュートリアルです。各チュートリアルには、サンプルコードが豊富に含まれており、かなりの保守が必要になります。映像機能がとても人気になり、Corg.lyのサイト全体で、そのチュートリアルが有数の人気ページになっています。音声機能はほとんど使われておらず、音声向けチュートリアルのPV数も多くありません。加えて、音声機能ページのサンプルコードは古くなっていて、音声機能ページに対してユーザーから課題がいくつか報告されています。

Corg.lyは音声機能を止めるわけではありませんが、ユーザーがいら立たなくて済むように、カーティクは音声向けチュートリアルを消すことにしました。代わりに、Corg.lyでの音声翻訳方法を説明した、以前よりかなり短く、保守も簡単なドキュメントをユーザーに示すことにしました。

まとめ

以下を実施することで、ドキュメントの保守をより簡単にしましょう。

・保守しやすさを念頭に置いて、コードとドキュメントを一緒に計画してださい。
・機能のリリースとドキュメントのリリースの整合を取ってください。
・ドキュメントのオーナーを割り当ててください。
・コンテンツの鮮度チェック、リンクチェッカー、ドキュメントリンター、リファレンスドキュメント自動生成を利用して、トイルを自動化してくだ

さい。しかし、**自動化する前に慎重になること。**

　コンテンツが最新化されていて、役立ち続けるようにするために、ドキュメントは非推奨化して削除しましょう。コールアウト、リリースノート、お知らせを通じて、ユーザーが非推奨の事項や削除事項に気づけるようにしてください。コンテンツの移動や削除によって、ユーザーが立ち往生しなくて済むように、リダイレクトを設定してください。

　以降のセクションでは、専門家の採用タイミングと開発者ドキュメントの作成向けの追加資料を扱います。

専門家の採用タイミング

　ドキュメントが成長して大きくなるにつれて、変化への追従が難しくなってくるかもしれません。また、ドキュメントの知らない範囲に対する質問にも、答える必要が出てくるかもしれません。ドキュメントが急速に大きくなると、いろいろな部分を構成し直す必要がありますし、多種多様な専門知識が必要になります。そうなってきたら、プロフェッショナルを採用したほうがよいでしょう。

　ドキュメンタリアンとも呼ばれる、ドキュメントの専門家は難易度の高い課題を解決できます[86]。ドキュメンタリアンは、いろいろな職種名の中にいます。テクニカルライター、UXデザイナー、プロジェクトマネージャー、コンテンツを重視するソフトウェアエンジニア、など多岐に渡ります。ドキュメンタリアンを採用したいなら、付録Bのようなプロジェクトが集まるコミュニティで見つけられます。

　職種名がなんであれ、ドキュメントが重要な局面に差し掛かったときに、ドキュメンタリアンが活躍します。

新たなユーザーニーズへの対応

　今までの知識ではよく理解できないような、新しい種類のユーザーに対応していることに気づいたとします。このような場合はドキュメンタリアンが役立ちます。具体的には、ユースケースの説明、ユーザージャーニーの定義、ドキュメントのエンドツーエンドテストを支援してくれます。

サポート対応増加の偏り

　サポートチームが個別対応につきっきりになっているなら、ドキュメンタ

86　Eric Holscher, "Documentarians", Write the Docs. Retrieved June 22, 2021, https://www.writethedocs.org/documentarians/.

リアンが役立ちます。課題を評価して、スケール可能なサポート方法の構築を支援してくれます。

大規模なドキュメントのリリースへの対応

大規模リリースやローンチ回数が増えてくると、ドキュメントを最新状態に保つのが難しくなります。ドキュメントに費やす時間が増えて、エンジニアリングや開発の時間が失われているなら、ドキュメンタリアンが役立ちます。大規模なソフトウェアリリースに関連するドキュメントの作成・管理を支援してくれます。

情報アーキテクチャのリファクタリング

大量のドキュメントが含まれる情報アーキテクチャをリファクタリングしようとしているなら、ドキュメンタリアンがそのプロセスの計画・管理を支援してくれます。検索性とスケーラビリティを兼ね備えたドキュメント構成は難しいのです。ドキュメンタリアンがいれば、新しい情報アーキテクチャの計画や、コンテンツ移行を手伝ってくれます。

国際化とローカライゼーション

世界中の顧客に対応するために、ドキュメントのローカライゼーションに苦労しているのであれば、ドキュメンタリアンがコンテンツパイプラインの構築・管理を支援してくれます。

ソフトウェアによるドキュメントのバージョン管理

各ソフトウェアリリースで新しいドキュメントが生まれていて、スケーラビリティとSEOが心配であれば、ドキュメンタリアンがWebサイトのバージョン管理プロセスを支援してくれます。

ユーザーのドキュメントへの貢献を受け入れる

ドキュメンタリアンがいれば、ユーザーからの貢献を取り入れる仕組みを整備してくれます。たとえば、ドキュメントに対するコミュニティからのフ

ィードバックの取り込みや、ユーザーが作成した記事・技術ドキュメントの公開を検討している、といったケースです。また、ドキュメンタリアンはコミュニティフィードバックに返事もしてくれます。

ドキュメントのオープンソース化

ドキュメントをオープンソースにするなら、ドキュメンタリアンが役立ちます。具体的には、コントリビューターのためのテンプレート・標準・プロセス・レビュー方法を作成できます。

リソース

　付録Bでは、プロジェクトのドキュメントに取り組み続けるときに便利な
リソースをいくつか紹介します。（順不同）

　執筆者らはドキュメントの作業に取り組む1つの方法として、本書を著し
ました。本書が、テクニカルライティングの領域で、将来の冒険への道しる
べになることを願っています。

　この本をここで終わらせたくありません。むしろここが、将来の対話に
向けたスタート地点です。直接、著者らにコンタクトしたい場合は
docsfordevelopers.com をご覧ください。

コース

● **Technical Writing Courses from Google**

　Googleのテクニカルライティングチームによって、初級者向けと中級者向
けとでテクニカルライティングの自習コースが2つ提供されています。開発
者向けです。

　developers.google.com/tech-writing

● **Documenting APIs: A Guide for Technical Writers and Engineers**

　トム・ジョンソンによるAPIドキュメントコースは、実践型のタスク満載
の広範囲な自習型チュートリアルです。トムのブログには、さらなるリソー
スがあります。

　www.idratherbewriting.com/learnapidoc

テンプレート

● **Good Docs プロジェクト**

Good Docs プロジェクトは、良いドキュメントを作るためのプロセス・ドキュメントテンプレート・ガイド一式のオープンソースプロジェクトです。

www.thegooddocsproject.dev

● **Diataxis フレームワーク**

Diataxis フレームワークは、多様なユーザーニーズに応えるドキュメントの作成・テンプレート化するためのガイドです。

www.diataxis.fr

● **README チェックリスト**

README 向けのチェックリストは多くありますが、ダニエル・ベックのリストがベストです。YouTubeに上がっている「Write the readable README」の講演動画と合わせて視聴するとさらに効果的です。

www.github.com/ddbeck/readme-checklist

スタイルガイド

● **Google 開発者スタイルガイド**

APIコンポーネントやAPIのやり取りを書くときに広く使われているガイドです。特にオープンソースプロジェクトで使われています。

developers.google.com/style

● **Microsoft スタイルガイド**

UIコンポーネントのやり取りの標準として歴史的に使われてきました。

docs.microsoft.com/style-guide

● **Mediawiki スタイルガイド**

Mediawiki による多種多様なドキュメントのドキュメントテンプレートの例が記載されている包括的なスタイルガイドです。

mediawiki.org/wiki/Documentation

自動化ツール

● **API reference generation**

OpenAPI・Redoc・Swaggerは、APIリファレンスを自動生成する有数の
ツールです。ドキュメントとAPIとを直接統合できます。以下より利用可能
です。

・ openapis.org

・ Redoc.ly

・ swagger.io

● **Vale リンター**

Vale は散文リンターの中で最もよく使われているものの１つです。
GoogleやMicrosoftなど、体系化されているスタイルガイドも使えますし、
独自のスタイルルールも書けます。

github.com/errata-ai/vale

● **htmltest**

htmltest を使えば生成されたHTML内のリンク切れを発見できます。

github.com/wjdp/htmltest

● **Read the Docs**

Read the Docs はドキュメントの構築から、バージョン管理やホスティン
グまでを自動化できるサイトです。

readthedocs.org

● **Docsy**

Docsy はテクニカルドキュメント向けのHugoのテーマです。Hugo
（gohugo.io）は、Golangで実装された静的サイトジェネレーターです。

docsy.dev

● **Netlify**

Netlifyは、継続的インテグレーション・デリバリーをうまく統合した
CDN（Content Delivery Network）です。GitリポジトリからWebサイトへ

のコンテンツ公開までを自動化する強力で簡単な手段になります。

netlify.com

● **Prow**

Prowは、Kubernetesベースの重量級の継続的インテグレーション・デリバリーのツールです。機能も強力ですが、大規模なプロジェクトでもなければ間違いなくオーバーキルです。しかし、超高速でスケールするトイル対策としては、極めて有益です。

github.com/kubernetes/test-infra/tree/master/prow

ビジュアルコンテンツ向けツールとフレームワーク

● **Excalidraw**

略図を描くためのオープンソースのホワイトボードツールです。

excalidraw.com

● **Snagit**

スクリーンショットやアニメーションスクリーンGIFの作成で、最も広く使われているツールの1つです。

snagit.com

● **C4 Model**

ソフトウェアアーキテクチャを図に起こす方法です。開発者にとって使いやすい規格になっています。

c4model.com

ブログと研究

● **I'd Rather Be Writing、トム・ジョンソン**

テクニカルライティングに関する包括的なブログ。特にAPIドキュメントや、テクニカルライティングのビジネス価値について書かれています。

idratherbewriting.com

- **Docs by Design 、ボブ・ワトソン**

テクニカルライティングに関する学術記事や、ドキュメントの品質測定に関するすばらしい記事があります。

docsbydesign.com

- **Ffeathers、サラ・マドックス**

経験豊富なプロフェッショナルから、テクニカルライティングに関する実践的なアドバイスが載っています。サラはテクニカルライティングとAPIドキュメントに関する講座も開講しています。

ffeathers.wordpress.com

- **ダニエル・ベック**

GitHub、ARM、Mozillaなどで活躍するフリーランスのテクニカルライターによる、テクニカルライティングに関する実践的なアドバイスが載っています。

ddbeck.com/writing

- **ステファニー・モリロー**

開発者マーケティング・テクニカルライティング・コンテンツ戦略に特化したコンテンツ作成に関するアドバイスが載っています。

stephaniemorillo.co/blog

- **ニールセン・ノルマン　グループ**

UXのデータやベストプラクティスに関する、よく調査・研究された知見が載っています。

nngroup.com/articles

書籍

- **『Docs Like Code』アンネ・ジェントル**

現代のプロフェッショナルプラクティスにおいて、開発者向けドキュメントモデルとして最も広く採用されている書籍です。

- **『Every Page is Page One』マーク・ベーカー**

トピックベースライティングを説明しており、どこから読み始めても役立つドキュメントを作れるように説明しています。

- 『How to Make Sense of Any Mess』アビー・コバート

　情報アーキテクチャの概要を説明しています。情報をアーキテクチャの課題に取り組む7つのステップが紹介されています。

- 『The Content Design Book』サラ・リチャード

　いつ、どこで、どのようにユーザーがデータを消費するかといったデータを活用して、ユーザーニーズを満たすコンテンツをデザインする方法を一通り紹介しています。

- 『User Research: A Practical Guide to Designing Better Products and Services』ステファニー・マーシュ

　ユーザー調査の実践ガイドです。対面による1対1のユーザーテストや、カードソーティング、サーベイ、A/Bテストなどが説明されています。

- 『The Elements of Style』ウィリアム・ストランク、Jr. & E.B.ホワイト

　効果的な英文の書き方のガイドです。古典ですが時代を越えて役立ちます。

コミュニティ

- Write the Docs

　Write the Docs はドキュメントに興味がある人の集まる世界的コミュニティです。プログラマー・テクニカルライター・デベロッパーアドボケイト・カスタマーサポート・マーケターなど、ソフトウェア体験を高めたい人が集まっています。Slackによるネットワークや、カンファレンス、地域のミートアップを通じて、オンラインや対面のコミュニティを形成しています。

　www.writethedocs.org

- Society for Technical Communication

　STC（Society for Technical Communication）は、テクニカルコミュニケーションを前進させるためにあるプロフェッショナル協会です。出版物・認証制度・カンファレンスを通じて、テクニカルコミュニケーターコミュニティの成長を支援しています。

　www.stc.org

参考文献

- Abdelhafith, Omar, "README.md: History and components," Medium, published August 15, 2015, https://medium.com/@NSomar/readme-md-history-and-components-a365aff07f10.
- Baker, Mark, "Findability is a Content Problem, not a Search Problem," published May 2013, https://everypageispageone.com/2013/05/28/findability-is-a-content-problem-not-a-search-problem/.
- Beck, Daniel, "README checklist," GitHub, https://github.com/ddbeck/readme-checklist/blob/main/checklist.md.
- Beyer, Betsy, Chris Jones, Jennifer Petoff, and Niall Richard Murphy, Site Reliability Engineering: How Google Runs Production Systems 1st. ed., (O'Reilly, 2016). 邦訳『SRE サイトリライアビリティエンジニアリング』澤田 武男，関根 達夫，細川 一茂，矢吹 大輔（翻訳），Sky株式会社 玉川 竜司（監訳），2017，オライリージャパン
- Calhoun, Ragowsky and Tallal, "Matching learning style to instructional method: Effects on comprehension," Journal of Educational Psychology, Vol. 107 (2015).
- Camerer, Colin, George Loewenstein, Martin Weber, "The Curse of Knowledge in Economic Settings: An Experimental Analysis," Journal of Political Economy", Vol. 97 no. 5.
- Casali, Erin 'Folleto' "Pixar's plussing technique of giving feedback," Intense Minimalism, https://intenseminimalism.com/2015/pixars-plussing-technique-of-giving-feedback/.
- Chromium Projects, "Triage Best Practices," accessed May 14, 2021, www.chromium.org/for-testers/bug-reporting-guidelines/triage-best-practices.
- DAXX, "How Many Software Developers Are in the US and the

World?", published February 9, 2020, www.daxx.com/blog/development-trends/number-software-developers-world.

· Fessenden, Therese "First Impressions Matter: How Designers Can Support Humans' Automatic Cognitive Processing," Nielsen Norman Group, accessed June 27, 2021, www.nngroup.com/articles/first-impressions-human-automaticity/.

· Gaffney Gerry and Caroline Jarrett, Forms that work: Designing web forms for usability (Oxford: Morgan Kaufmann, 2008) , 11-29.

· GitHub, "About Code Owners," accessed December 29, 2020, https://docs.github.com/en/free-pro-team@latest/github/creating-cloning-and-archiving-repositories/about-code-owners.

· GitHub, "Open Source Survey," accessed June 2021, https://opensourcesurvey.org/2017/.

· Google, "Creating Great Sample Code," Google Technical Writing One, https://developers.google.com/tech-writing/two/sample-code.

· Jin, Brenda, Saurabh Sahni, Amir Shevat, Designing Web APIs: Building APIs That Developers Love (O'Reilly Media, 2018) .

· Johnson, Tom "Code Samples," I'd Rather Be Writing, accessed June 29, 2021, https://idratherbewriting.com/learnapidoc/docapis_codesamples_bestpractices.html.

· Keeton, B.J., "How to comment your code like a pro," Elegant Themes, accessed June 29, 2021, www.elegantthemes.com/blog/wordpress/how-to-comment-your-code-like-a-pro-best-practices-and-good-habits.

· Kubernetes documentation, "Documenting a feature for a release," last modified February 11, 2021, https://kubernetes.io/docs/contribute/new-content/new-features/.

· Kubernetes, "Issue Triage Guidelines," 2021, accessed June 27, 2021, www.kubernetes.dev/docs/guide/issue-triage/.

· LePage, Pete, "Widgets," Google Web Fundamentals, accessed January 28, 2021, https://developers.google.com/web/resources/widgets.

· Levie, W.Howard, Richard Lentz, "Effects of text illustrations: A review of research," Educational Technology Research and Development, 30, 195-232 (1982).

· Lieby, Violet, "Worldwide Professional Developer Population of 24 Million Projected to Grow amid Shifting Geographical Concentrations," Evans Data Corporation, accessed June 29, 2021, https://evansdata.com/press/viewRelease.php?pressID=278.

· Macnamara, Riona et al. "Do Docs Better: Integrating Documentation into the Engineering Workflow" in Seeking SRE, ed. David Blank-Edleman (O'Reilly Press, 2018). 邦訳『SREの探求』, 渡邉 了介 (翻訳), 山口 能迪 (監訳), 2021, オライリージャパン.

· Medina, John, Brain rules: 12 principles for surviving and thriving at work, home and school (Seattle:Pear Press, 2008). 翻訳『ブレイン・ルール』, 小野木 明恵 (翻訳), 2009, 小野木 明恵 (翻訳), 日本放送出版協会.

· McCloud, Scott, Understanding Comics: The Invisible Art (New York: William Morrow Paperbacks, 1994). 邦訳『マンガ学—マンガによるマンガのためのマンガ理論』, 岡田斗司夫 監訳, 1998, 美術出版社.

· Nasehi, Seyed Mehdi "What makes a good code sample? A study of programming Q&A in Stack Overflow," 2013 IEEE International Conference on Software Maintenance, 2012.

· Nazr, Shariq "Say goodbye to manual documentation with these 6 tools," Medium, accessed June 21, 2021, https://medium.com/@shariq.nazr/say-goodbye-to-manual-documentation-with-these-6-tools-9e3e2b8e62fa.

· Nielsen Jakob, "F-shaped pattern for reading web content (original study)," Nielsen Norman Group, accessed June 29, 2021, www.nngroup.com/articles/f-shaped-pattern-reading-web-content-discovered/.

· Nielsen, Jakob, "Keep online surveys short," Nielsen Norman Group, accessed June 29, 2021, www.nngroup.com/articles/keep-online-surveys-short/.

・Nielsen, Jakob "Photos as Web Content," Nielsen Norman Group, accessed June 29, 2021, www.nngroup.com/articles/photos-as-web-content/.

・Nielsen, Jakob, "Why you only need to test with 5 users," Nielsen Norman Group, accessed June 26, 2021, www.nngroup.com/articles/why-you-only-need-to-test-with-5-users/.

・Newton, Elizabeth Louise Ph.D., "The Rocky Road From Actions to Intentions," Stanford University, 1990, Ofcom, Connected Nations Report (2017) , accessed June 2021, www.ofcom.org.uk/research-and-data/multi-sector-research/infrastructure-research/connected-nations-2017.

・Pelli, Denis G., Bart Farell, Deborah C.Moore, "The remarkable inefficiency of word recognition," Nature (June: 2003) , 423, 752-756.

・Pittman, Paris, "How Kubernetes contributors are building a better communication process," Kubernetes Blog, published April 21, 2020, https://kubernetes.io/blog/2020/04/21/contributor-communication.

・Podmajersky, Torrey, Strategic writing for UX: Drive Engagement, Conversion, and Retention with Every Word (O'Reilly, 2019), 邦訳『戦略的UXライティング 言葉でユーザーと組織をゴールへ導く』, 松葉 有香 (翻訳), 中橋 直也 (監訳), 2022, オライリージャパン

・Potter M.C, Wyble B., Hagmann C.E, McCourt E.S, "Detecting meaning in RSVP at 13 ms per picture," Attention, Perception and Psychophysics (December 2013) .

・Reyes, Jarod, "How Twilio writes documentation," Signal 2016, YouTube, www.youtube.com/watch?v=hTMuAPaKMI4.

・Roberts, David, "The power of images in teaching dyslexic students," Loughborough University, accessed June 26, 2021, https://blog.lboro.ac.uk/sbe/2017/06/30/teaching-dyslexic-students/.

・Rosala, Maria, "Ethical maturity in user research," Nielsen Norman

Group, www.nngroup.com/articles/user-research-ethics/.

· Steele, Julie, The art of data visualisation, PBS film, 2013, accessed June 29, 2021, www.pbs.org/video/book-art-data-visualization.

· Strunk, William, The Elements of Style. 4th ed. (Pearson, 1999).

· Tufte, Edward R, The art of data visualisation, PBS film, 2013, accessed June 29, 2021, www.pbs.org/video/book-art-data-visualization.

· Tufte, Edward R. The visual display of quantitative information (2001, 2nd ed.). Web Content Accessibility Guidelines, accessed June 2021, www.w3.org/WAI/.

· Watson, Bob, "Measuring your technical content - Part 1" Docs by Design, published August 24, 2017, https://docsbydesign.com/2017/08/24/measuring-your-technical-content-part-1/.

· Whicher, Charlie, "What we learnt from building a User Council," Repositive.io, published November 13, 2017, https://medium.com/@CWhicher/what-we-learnt-from-building-a-user-council-541319c5c356.

· Winters, Titus, Tom Manshreck, Hyrum Wright, "Documentation" in Software Engineering at Google: Lessons Learned from Programming over Time, (O'Reilly, 2020). 邦訳『Googleのソフトウェアエンジニアリング』10章 ドキュメンテーション, 久富木 隆一 (翻訳), 竹辺 靖昭 (監訳), 2021, オライリージャパン

· Zong, Jie, and Jeanne Batalova, "The Limited English Proficient Population in the United States in 2013," Migration Policy Institute, published July 8, 2015, www.migrationpolicy.org/article/limited-english-proficient-population-united-states-2013.

訳者あとがき

「ドキュメントを書いておけば良かった」

「ドキュメントの更新が2年前で止まってる」

　開発の中でこう思ったことは、何らかの形でプロダクトやシステム開発に携わられている方であれば、少なくとも一度はあるのではないでしょうか。たとえば、「設計上の意思決定の経緯が残っておらず、加えたい変更の影響範囲が分からなくて困っている」、もしくは「過去に実施した手順が残っていなくて再現に時間がかかってしまう」といったように、さまざまなパターンの経験があるでしょう。

　一方で、エンタープライズ系の経験がある方は次のように思ったことがあるかもしれません。

「なんで、こんなに大量のドキュメントがあるんだろう」

「このExcelで作られたマニュアルは使われているのだろうか？」

　使われないドキュメントを大量に生み出しても意味がありません。さらに、使われないドキュメント自体のメンテナンスコストが発生しますし、時代遅れとなった情報が顧客に伝わってしまいます。

　もし、ドキュメントの情報が古くて誤りがあっても、そのプロダクトやシステムを顧客が使い続けてくれるでしょうか。社内システムで使用しているなどの前提で利用が強制されない限り、おそらくそのプロダクトを使うのをやめてしまうでしょう。社内システムであったとしても、従業員体験を著しく悪化させるため、長期的には良い結果とならないことは明白です。

　重要なのは、ドキュメントの利用者にとって本当に価値のあるドキュメントを作成・保守して提供し続けることです。そのためには顧客やユーザーを理解する必要があります。顧客の課題が分からなければ、価値のないドキュメントを生み出してしまうからです。

では、価値のあるドキュメントをどのように生み出せばよいのでしょうか？

　エンジニアの本業はシステムを設計し、実装することです。そのために、さまざまな手段を通じて開発スキルを見つけてきたと思います。

　一方で、本書で扱ったような体系的なドキュメントライティングの方法を学んできた方は少ないはずです。仮に大学で学んでいたとしても、「APIを廃止にするためのドキュメント」については教えてくれなかったでしょう。

　もちろん、企業によっては、ライティング専門の部署が存在することもあります。

　たとえば、LINE株式会社には「テクニカルライティング」の専門チームが設置されています。また、サイボウズ株式会社にはテクニカルライティングを担うテクニカルコミュニケーションチームが設置されています。こうした事例から、日本でもその重要性が認識され始めていると言ってもよいでしょう。

　しかし、すべての企業が同様の部署を配置できるわけではありませんし、配置したとしてもすべてのドキュメント作成を担えるわけではありません。実態としては、スタートアップであれば人員が限られているため、エンジニアがドキュメント作成の役割を担うことがほとんどでしょう。大企業であっても、さまざまな環境制約から現場のエンジニアがドキュメントを作成しているケースが多くあると思います。

　本 書 の 原 題 は、「Docs for Developers - A Field Guide to Technical Writing」です。まさに現場のエンジニアのための書籍になっています。本書をここまでお読みになった方は、業界の第一線のエキスパートが共有してくれた知見を武器に、ドキュメントを書く知識やスキルが備わりはじめているはずです。

　しかし、実践無しにライティングのスキルは高まりません。実際に著者の一人である、サラ氏は「ドキュメントライティングのスキルを高める方法の

1つは、実際に書くことだ」と言っています。つまり、価値のあるドキュメントを作るには本書をもとに実践をすることにほかなりません。

　今日から実践して、より効果的なドキュメントを生み出していきましょう！

　本書を手に、ご自身を取り巻くプロダクト開発の現場が少しでも良くなり、ひいては日本のプロダクト開発全体が少しでも良くなることを願っています。

謝　辞

　本書を刊行するにあたり、多くの方にご協力いただきました。

　まず、担当編集いただいた山地 淳さんに感謝いたします。山地さんのアドバイスにより、全体の方向性をより良いものへと修正できました。また、翻訳原稿をレビューいただきました、渡邊徹志さん、篠原一徳さん、花川直己さん、itosoさんに感謝を申し上げます。皆さまのおかげで、読みやすい書籍になったと思います。原稿を入念に読み込んでくださり、建設的な提案をたくさんくださった増田知彰さんに特に感謝いたします。翻訳プロセスのいろはを教えてくださった吉羽龍太郎さんにお礼を申し上げます。最後に、悩んでいるときの相談相手になってくれた妻の迪子に、そして休日の遊び相手になってくれる二人の子供に心から感謝します。3人の家族がくれるエネルギーがなければ本書を書き上げられなかったと思います。いつもありがとう。

2023年3月　岩瀬義昌

訳者紹介

岩瀬義昌

東京大学大学院学際情報学府を修了後、東日本電信電話株式会社に就職。大規模IP電話開発に携わった後、2014年より現職であるNTTコミュニケーションズにてソフトウェアエンジニア、テックリードとしてWebRTCプラットフォームの開発に従事する。その後、人事として全社の人材開発・組織開発を経て、現在は全社のアジャイル開発・プロダクトマネジメントを支援している。また、個人事業主としても活動しており、ストックマーク株式会社 Co-VPoE（2021〜）。早稲田大学非常勤講師（2020〜）。テクノロジーポッドキャストであるfukabori.fm のパーソナリティ。

Twitter: @iwashi86

ユーザーの問題解決とプロダクトの成功を導く
エンジニアのための
ドキュメントライティング

| 2023年3月30日 | 初版第1刷発行 |
| 2023年4月25日 | 第3刷発行 |

著　　者——ジャレッド・バーティ、ザッカリー・サラ・コーライセン、ジェン・ランボーン、デービッド・ヌーニェス、ハイディ・ウォーターハウス
訳　　者——岩瀬義昌 ©2023 Yoshimasa Iwase
発 行 者——張 士洛
発 行 所——日本能率協会マネジメントセンター
〒103-6009　東京都中央区日本橋 2-7-1 東京日本橋タワー
TEL　03(6362)4339(編集)／03(6362)4558(販売)
FAX　03(3272)8127(販売・編集)
https://www.jmam.co.jp/

装　　丁———小口翔平＋須貝美咲（tobufune）
本文DTP——株式会社明昌堂
印刷所————広研印刷株式会社
製本所————東京美術紙工協業組合

ISBN 978-4-8005-9083-1 C3034
落丁・乱丁はおとりかえします。
PRINTED IN JAPAN

INSPIRED
インスバイアド

熱狂させる製品を生み出すプロダクトマネジメント

マーティ・ケーガン 著

佐藤　真治 監修　関　満徳 監修　神月　謙一 訳

A5版 384 頁

Amazon, Apple, Google, Facebook, Netflix, Teslaなど、最新技術で市場をリードする企業の勢いが止まらない。はたして、かれらはどのようにして世界中の顧客が欲しがる製品を企画、開発、そして提供しているのか。本書はシリコンバレーで行われている「プロダクトマネジメント」の手法を紹介する。著者のマーティ・ケーガンは、成功する製品を開発するために「どのように組織を構成し、新しい製品を発見し、適切な顧客に届けるのか」を、具体的な例を交えながら詳細に説明する。

日本能率協会マネジメントセンター

EMPOWERED
（エンバワード）

普通のチームが並外れた製品を生み出すプロダクトリーダーシップ

マーティ・ケーガン、クリス・ジョーンズ 著

及川　卓也 まえがき　　**二木　夢子** 訳

A5版 448 頁

なぜアマゾン、アップル、グーグル、ネットフリックス、テスラなどの企業は、イノベーションを起こし続けられるのか。ほとんどの人は、優秀な才能を採用することができるからだと考えている。しかし、これらの企業が持つ本当の強さは、採用する人ではなく、従業員が協力して困難な問題を解決し、並外れた製品を生み出すようにする方法にある。本書では、トップテクノロジー企業の最高のリーダーから学んだ何十年にもわたる教訓をガイドとして提供し、こうしたイノベーションを生み出す環境のために必要なプロダクトリーダーシップを紹介する。

日本能率協会マネジメントセンター

プロダクト・レッド・オーガニゼーション

顧客と組織と成長をつなぐプロダクト主導型の構築

トッド・オルソン 著

横道 稔 訳

A5版280頁

プロダクトが企業の成長を導く時代が来た。プロダクトはいまや顧客の獲得と維持、成長の促進、組織課題の優先順位づけの手段となっている。これは、デジタルファーストの世界における、これからのビジネスの姿だ。本書は、プロダクトチーム向けのソフトウェアを提供してきたユニコーン企業PendoのCEOが、顧客体験を中心に据えたプロダクト主導型組織を構築するための方法を教えてくれる。プロダクトから得られるデータをいかに組織で活用するのか、その真の顧客主義を実現する方策を学ぶ。

日本能率協会マネジメントセンター

チームトポロジー
価値あるソフトウェアをすばやく届ける適応型組織設計

マシュー・スケルトン 著　マニュエル・パイス 著

原田　騎郎 訳　永瀬　美穂 訳　吉羽　龍太郎 訳

A5版 280 頁

本書は高速なデリバリーを実現することを目的とした、4つの基本的なチームタイプと3つのインタラクションパターンに基づく、組織設計とチームインタラクションのための実践的な適応モデルを紹介する。これは「組織のコミュニケーション構造がソフトウェアのアーキテクチャーを決める」というコンウェイの法則をもとに、ソフトウェアのあるべき姿から組織設計を考えるものである。

組織に適したチームパターンを選択して進化させ、ソフトウェアを健全な状態に保つことで、バリューストリームを最適化するのに役立たせることができるだろう。

日本能率協会マネジメントセンター

心理的安全性のつくりかた
「心理的柔軟性」が困難を乗り越えるチームに変える

石井　遼介 著

四六版336 頁

本書では組織・チームにおいて注目を集める心理的安全性を理解し、心理的安全性の高い職場を再現できるよう、そのアプローチについて日本の心理的安全性を研究してきた著者が解説する。心理的安全性が「ヌルい職場」ではなく、健全な衝突を生み出す機能であることを解説し、日本における心理的安全性の4因子「話しやすさ」「助け合い」「挑戦」「新奇歓迎」を紹介。また、チームリーダーに必要な「心理的柔軟性」と、4因子を活性化させる行動分析によるフレームワークを解説する。

「個性を輝かせ、チームで学び成長する」。そんな現代のチームビルディングが、あらゆる組織・コミュニティで実践できる1冊。

日本能率協会マネジメントセンター